Garlic

Küche für Knoblauch-Freunde

Rezepte mit Knoblauch ausprobiert
auf dem ersten Garlic-Festival
in Gilroy, Kalifornien

Büchergilde Gutenberg

W0240545

Titel der Originalausgabe *The Garlic Lovers' Cookbook*
Aus dem Amerikanischen übersetzt von Peter C. Hubschmid

Lizenzausgabe für die Büchergilde Gutenberg,
Frankfurt am Main, Olten, Wien
mit freundlicher Genehmigung des
Papyrus Verlages, Hamburg
© 1980 The Gilroy Garlic Festival Association Inc.
erschienen bei Celestial Arts, Millbrae, Calif. 1980
Alle Rechte der deutschen Ausgabe beim
Papyrus Verlag GmbH, Hamburg
Umschlaggestaltung: Eckard Warminski, Frankfurt am Main
Printed in Germany 1984 ISBN 3 7632 2887 X

Das Gilroy Garlic Festival Committee dankt allen, die an diesem Kochbuch mitgewirkt haben. Ein besonderer Dank gilt den Garlic Lover's Cookbook Committee Members.

Betty Angelino
Karen Christopher
Fred Domino
Tim Filice
Nori Goforth
Mary Mozzone
Rose Emma Pelliccione
Dale Springer
A.& D. Christopher Ranch
Caryl Saunders Associates
Fresh Garlic Association
Foremost Centry International
Gilroy Foods Inc.
Miller, Perrin, Domino, Giacalone & Ackerman, Attorneys at Law.

Gilroy Garlic Festival Association Inc.
P.O. Box 2311
Gilroy, California 95020

Was Sie schon immer über Knoblauch wissen wollten und nicht zu fragen wagten. . . Die Antwort finden Sie hier, im ersten umfassenden Knoblauch-Kochbuch der Welt. Es ist zugleich ein Kochbuch und das Dokument eines einmaligen Festivals von Gilroy.

Das Festival von Gilroy ist eine Fete, wie sie sich heute wohl nur Amerikaner in ihrer spontanen Begeisterungsfähigkeit für Ideen jeglicher Art ausdenken können.

Spontaneität und Begeisterung kennzeichnen auch die Rezepte, die eine Vielzahl von Menschen, vereint durch die Liebe zum Knoblauch, hier zusammengetragen haben.

Die Knoblauchküche ist eine Küche der Knoblauchliebhaber (zu denen auch der Übersetzer und Bearbeiter gehört); ihre Rezepte kann jeder nachkochen, der das kleine Einmaleins des Kochens beherrscht.

Die Rezepte wurden, wo es erforderlich war, den Gegebenheiten des deutschen Marktes angepaßt, z.B. dort, wo im Originaltext hierzulande nicht erhältliche Fertigprodukte verlangt werden. Sie finden in diesen Fällen die nötigen Anweisungen, die geforderten Saucen selbst herzustellen.

Die Muschel-Rezepte verlangen im Originaltext nach *clams*, weißfleischigen Muscheln von der amerikanischen Pazifikküste, die sich im Sande eingraben. Im Geschmack haben sie mehr Ähnlichkeit mit den größeren Jakobsmuscheln als mit unseren Miesmuscheln. Mit Miesmuscheln bekommen unsere Zubereitungen einen anderen Charakter, aber sie sind nicht weniger schmackhaft. Vielleicht nehmen Sie das Buch ja auch in den Urlaub nach Frankreich mit, wo es gezüchtete Clams zu kaufen gibt.

In unseren Rezepten ist, von wenigen Ausnahmen abgesehen, von frischem Knoblauch die Rede. Sie können frische Knoblauchzehen durch Trockenware in Form von Pulver oder Salz oder durch Knoblauch aus der Tube ersetzen (siehe „Alles über Knoblauch"). Der wahre Knoblauchfan wird der frischen Knolle stets den Vorzug geben. Das gleiche gilt natürlich auch für Kräuter und andere Zutaten (apropos Kräuter: Petersilie ist in ihrer glatten, schlichten Variante ungleich aromatischer als in der hierzulande stärker verbreiteten krausen Form).

Wenn es Ihnen auf den Geschmack ankommt, sollten Sie beim Einkauf, z.B. von Tomaten, weniger auf die Größe, glatte Haut und leuchtendes Rot achten, als auf Aroma und Duft.

In den Rezepten ist oft von Olivenöl die Rede. Gutes Olivenöl ist heute leider teuer. Aber der Mehrpreis für eine gute Qualität macht sich beim Geschmack eines Gerichtes bezahlt. Die beste Olivenöl-Qualität heißt kaltgepreßt, oder , italienisch: *olio extra vergine di oliva.* Es ist unraffiniert, seine Farbe gelbgrün, es duftet intensiv. Für die Küche mit Knoblauch gibt es nichts Besseres. Man darf es nur nicht sehr stark erhitzen.

Beim Lesen bekommen Sie sicher genauso Appetit auf ein Knoblauchgericht wie ich beim Übersetzen.

Hamburg, im August 1981

Peter C. Hubschmid

Inhaltsverzeichnis: Seite:

DAS FESTIVAL

Knoblauchfans, die ihrer Leidenschaft nur verschämt am Freitagabend frönen, blicken neidvoll nach Gilroy in Kalifornien, ins gelobte Land, wo der Knoblauch wächst. Zur Erntezeit weist der Duft dorthin den Weg. In Gilroy braucht man dann sein Steak zum Würzen nur auf die Wäscheleine zu hängen, wie Will Rogers bemerkte. Wo es nach Knoblauch riecht, da laß dich fröhlich nieder...

Im August 1979 machte die kalifornische Kleinstadt Gilroy Schlagzeilen in allen amerikanischen Zeitungen. "Eine kleine Stadt schlägt groß zu" lautete eine dieser Rubriken. Was war geschehen? Nun, Gilroy hatte sich ganz einfach zur unangefochtenen Welthauptstadt des Knoblauchs erklärt, und dreißigtausend Menschen waren gekommen, diese Selbsterhebung standesgemäß zu feiern.
Der Stadtrat und die Bevölkerung Gilroys hatten sich durch die Behauptungen mehrerer europäischer Gemeinden herausgefordert gefühlt, deren Knoblauchproduktion noch nicht einmal den zehnten Teil der Ernte in Gilroy ausmachte. Nun also wollte man es der Welt ein für allemal zeigen. Mit Unterstützung von Stadtrat und Handelskammer konstituierte sich ein Festkommittee engagierter Bürger. Zwei Tage lang wurde gefeiert und gefestet, und danach wagte niemand mehr daran zu zweifeln, daß Gilroy tatsächlich die Weltmetropole des intensiv duftenden Zwiebelgewächses sei.
Diese Weltherrschaft wurde der Gemeinde nicht in die Wiege gelegt. In den fünfziger Jahren des vorigen Jahrhunderts ließen sich dort vom Goldrausch ernüchterte Schürfer nieder, um ihr Glück auf einem anderen Feld zu suchen. Der Boden war fruchtbar, also pflanzte man Obstbäume; sehr bald genossen Äpfel und Birnen, Pfirsiche und Kirschen aus Gilroy einen guten Ruf. Zu jener Zeit wurde der größte Teil des in den Vereinigten Staaten verbrauchten Knoblauchs noch aus der alten Welt eingeführt. Erst in den zwanziger Jahren bepflanzte man in Gilroy die ersten Beete mit Knoblauch.
Heute haben Gemüsekulturen die Obsthaine fast vollständig verdrängt. In einem Umkreis von 145 Kilometer um Gilroy wird auf einer Fläche von 5600 ha Knoblauch angebaut. Die jährliche Ernte beträgt 68 000 Tonnen. 18 000 Tonnen davon werden als Frischware vermarktet, der Rest wird getrocknet und findet in Gewürzmischungen, in der Konservenindustrie, in Würz- und Salatsaucen sowie in zunehmendem Maße auch in der pharmazeutischen Industrie Verwendung.
Das milde Klima der ländlichen Kleinstadt auf halbem Wege zwischen San Francisco und der Halbinsel Monterrey läßt aber auch Zwiebeln, Tomaten, Paprikaschoten und eine Reihe weiterer Gemüse- und Obstsorten gedeihen. Die Luft bekommt ein ganz eigenes Aroma, wenn Tomateneinmachstraßen und die Zwiebel- und Knoblauch-Trocknungsanlagen gleichzeitig auf Hochtouren laufen. Dann riecht es meilenweit um Gilroy wie in einer süditalienischen Küche. Selbst Menschen, die seit langem hier ansässig sind, berichten, daß sie bei dieser Wetterlage zwanghaft nach Hause eilen, um sich eine große Schüssel Spaghetti alla napoletana zu bereiten!

Will Rogers, Amerikas berühmter Westernsänger und -schauspieler, stellte noch treffender fest: "Gilroy zur Erntezeit ist die einzige Stadt in Amerika, wo man ein Steak zum Marinieren bloß auf die Wäscheleine zu hängen braucht."
Amerikas wachsender Appetit nach *allium sativum* (der Verbrauch hat sich in den letzten zehn Jahren verzehnfacht) sichert der Gemeinde Gilroy eine knoblauchreiche Zukunft und bietet Gewähr dafür, daß das Knoblauchfestival eine ständige Einrichtung wird, nachdem es die Aufmerksamkeit der Welt auf das kleine Gemeinwesen an der kalifornischen Küste gezogen hat.
Ein in zahlreichen Zeitungen nachgedruckter amerikanischer Kolumnist bezeichnete das Festival in Gilroy als "Stück echt amerikanischer Folklore, an der sich die ganze Stadt beteiligt." Geschäftsleute, Schüler- und Bürgergruppen ebenso wie Knoblauchbauern und verarbeitende Betriebe errichten Stände und Buden, wo man neben Aufklärung und Informationen über Knoblauch das Gewächs selbst in jeder erdenklichen Form bekommt: zu Zöpfen geflochten oder zehenweise eingelegt, getrocknet und sogar geruchfrei. Auf dem Festivalmarkt wird alles feilgeboten, was man in Form einer Knolle gestalten oder mit einem Knoblauchmotiv dekorieren kann: Hemden und Hüte, Gürtelschnallen und Broschen, Briefbeschwerer und Plaketten, Drucke und Bücher und allerlei mehr.
Nachdem man am Eingang seinen bescheidenen Obolus entrichtet hat, darf man ohne weitere Kosten allerlei künstlerische Darbietungen verfolgen, von der Oper über Minnesänger und Barbershop-Quartette bis hin zur Rockband, auch Pantomimen und Akrobaten, Country-Musik, und, für die Kinder, Puppentheater und Zauberkünstler und allerlei Spiele. Weitere Veranstaltungen runden das Festprogramm ab: die Wahl einer Knoblauchkönigin und ein Golftournier, ein Tanz auf der Tenne und schließlich der Gilroy Garlic Galopp, ein Rennen über zehntausend Meter.
In einem Wettbewerb der Erntearbeiter wird der schnellste Pflücker ermittelt. Geschickt bewegen sich die Teilnehmer durch die Reihen mit den aus dem Boden gezogenen Pflanzen und entfernen mit scharfen Scheren blitzschnell die trockenen Obertriebe und die Wurzeln von den Knollen. Sehr beliebt sind die Führungen durch die Knoblauchfelder sowie durch die Abpack- und Verarbeitungsbetriebe. Da in Gilroy auch der Weinbau floriert, haben natürlich die Kellereien ihre Tore für Proben dem Publikum geöffnet.

Eine wichtige Veranstaltung ist jedesmal der Rezeptwettbewerb mit dem anschließenden öffentlichen Wettkochen der Teilnehmer an der Endrunde. Die Gewinner werden durch eine Jury fachkundiger Kritiker ermittelt. Die prämierten Rezepte sind im Rezeptteil dieses Buches enthalten und besonders ausgewiesen.
Das Herz des Festivals ist aber ohne Zweifel die "Feinschmeckerstraße", die große Freiluftküche, in der etwa fünfzig ortsansässige Hobbyköche (unter ihnen Geschäftsleute, Farmer, Bankiers, Hausfrauen und Immobilienmakler) ohne Bezahlung knoblauchschwere Köstlichkeiten wie Scampi und Tintenfisch, Spaghetti al pesto und gefüllte Champignons, marinierte Pfeffersteaks und, natürlich, gewaltige Mengen von duftendem Knoblauchbrot bereiten. Beim ersten Festival verarbeiteten die Köche fast 300 Kilo Tintenfisch, 150 Kilo Scampi, 200 Kilo Spaghetti, 100 Kilo Champig-

nons, 350 Kilo Fleisch, 125 Kilo Paprikaschoten und 750 Laibe französisches Brot. Gewürzt wurde das alles mit drei Zentnern feldfrischem Knoblauch! Außerdem gab es noch köstliche Austern in Knoblauchsoße, Gazpacho, Chili con Carne, Empanadas, Quesadillas und weitere mexikanische Spezialitäten.

Wie ist es möglich, daß sich in einer doch kleinen Gemeinde soviele talentierte Menschen mit Hingabe dieser Aufgabe widmen? Daß die Köche und ihre Familien und mit ihnen die gesamte Bevölkerung der Stadt ein ganzes Wochenende und länger arbeiten, um ihre Gäste zu verköstigen und zu unterhalten? Um das zu verstehen muß man zuerst das Phänomen Gilroy an sich begreifen.

Den Namen "Feinschmeckerstraße" könnte man genausogut auf ganz Gilroy beziehen. Hier wird nicht nur das Gewürz erzeugt, das aus der guten Küche nicht wegzudenken ist; die Leute von Gilroy essen gerne gut, und sie lassen sich die Zubereitung einer Mahlzeit einige Mühe kosten; viele von ihnen sind stolz auf die kulturellen und kulinarischen Traditionen der Mittelmeerländer, aus denen ihre Vorfahren hierher einwanderten.

Einen Anreiz zum Kochen bietet nicht nur die Vielfalt der Früchte aus Gärten und von den Feldern. Aus der nahen Bucht von Monterrey kommt eine Fülle von frischem Fisch und Meeresfrüchten. Anders als bei den meisten Erntefesten in Kalifornien, bei denen gegrillte Steaks und Hähnchen die Hauptrolle spielen, legt man in Gilroy auch Wert auf Clams und Miesmuscheln, auf Tintenfisch und Spaghettigerichte. Und für die Männer von Gilroy ist es ganz normal, zum Wurstmachen zusammenzukommen, das neueste Rezept für eine Sauce zu Spaghetti auszuprobieren oder sogar bei einem Jagdausflug ein aufregendes neues Knoblauch-Hors d' Œuvre zu kreieren (Sie finden es im Rezeptteil):

Die Männer von Gilroy sind stolz auf ihre Kochkünste; vom Festkomitee als Koch für die Feinschmeckerstraße auserwählt zu werden ist eine große Ehre. Im edlen Wettstreit geht es darum, wer die beste *salsa alla marinara* macht und wessen Scampi am delikatesten sind. Die Rezeptgeheimnisse werden eifersüchtig gehütet. Die Frauen von Gilroy teilen die Begeisterung ihrer Männer für kulinarische Dinge; sie sehen als Aufgabe und Berufung, ihren Kindern ihre Rezepte und Küchentechniken als Teil ihres kulturellen Erbes weiterzuvermitteln.

Das Pflaster der Feinschmeckerstraße war schon lange gelegt, ehe man in Gilroy an ein Knoblauchfestival dachte. Das Festival aber bietet den Menschen von Gilroy Gelegenheit, ihr Können in einem internationalen Schaufenster auszustellen. Das Festival hat dieses Kochbuch erst möglich gemacht, indem es Gelegenheit bot, den Kochkünstlern von Gilroy ihre liebsten (und geheimsten) Rezepte zu entlocken. Dafür sollten wir alle dankbar sein.

ALLES ÜBER KNOBLAUCH

Genau wie bei anderen Grundnahrungsmitteln gibt es auch über Knoblauch ein paar Dinge, die man wissen sollte. Die folgenden Hinweise haben wir zusammengestellt, damit Sie die verschiedenen Formen des Knoblauchs auf dem Markt erkennen und sie optimal in Ihrer Küche einsetzen können.

DER KNOBLAUCH IN GESCHICHTE UND GESCHICHTEN

Soweit die menschliche Erinnerung reicht, wurde der Knoblauch verehrt oder verachtet, je nach dem Geschmack des Einzelnen und dem Zeitgeist. Er gehört zu den Liliengewächsen und ist eine der ältesten Kulturpflanzen überhaupt, ebenso wie seine nächsten Verwandten Zwiebel, Lauch, Schalotte und Schnittlauch. Allium Sativum nennen ihn gut lateinisch die Botaniker, ein Alliophiler ist demnach ein Knoblauchfreund, für den dieses Buch sicher seinen besonderen Reiz hat.

Die Knoblauchpflanze hat flache, graugrüne Blätter, der Trieb der lauchartigen Stange wird 30 - 60 cm hoch. Der Teil der Pflanze aber, den schon die ältesten der Alten besungen, ist die Knolle. Schon vor über 5000 Jahren wird sie in Sanskrittexten erwähnt. Für die Sumerer gehörte Knoblauch zur täglichen Kost. Der griechische Geschichtsschreiber Herodot berichtet, daß die Arbeiter, die in Ägypten die Cheopspyramide bauten, ohne ihre tägliche Knoblauchration die Arbeit verweigerten. Knoblauch fanden die Archäologen auch im Grabe Tutenchamuns.

Knoblauch wuchs in den berühmten hängenden Gärten von Babylon, Homer pries ihn ob seiner gesundheitsfördernden Wirkung. Griechische Kämpfer rüsteten sich ebenso mit hohen Dosen von Knoblauch zum Kampf wie später römische Legionäre; er sollte ihnen Kraft und Mut verleihen. Die Römer hielten ihn auch für ein Aphrodisiakum. Darum, glauben manche Historiker, wurde im alten Rom soviel Knoblauch gegessen.

Seine Urheimat vermutet man in Ostasien, vielleicht im heutigen Sibirien, von wo aus er sich sehr schnell verbreitete. Marco Polo berichtet in seinen Reiseerinnerungen von den zahlreichen Verwendungen dieser Zwiebelpflanze. Die Kreuzfahrer lernten den Knoblauch im Heiligen Land schätzen. Nach den Kreuzzügen wurde er im Abendland derart beliebt, daß man bei Banketten Verse auf ihn dichtete. Im Decamerone des Boccaccio schickt ein liebestoller Jüngling seiner Angebetenen eine Knolle Knoblauch, um ihre Liebe zu gewinnen – und hat damit Erfolg!

DER ZAUBER DER KNOLLE

Zweifellos ist sein starker Duft und der ebenso kräftige Geschmack des Knoblauchs die Ursache dafür, daß man ihm in alter Zeit Zauberkräfte zuschrieb und ihn als Abwehr gegen bekannte und unbekannte Übel schätzte. Auch heute noch hängen Menschen Knoblauchzöpfe vor die Fenster und sich selbst einzelne Zehen um den Hals, und in einigen Ländern soll es dem Schläfer Glück bringen, wenn er von Knoblauch träumt.

In Transsylvanien rieb man Knoblauch auf Türklinken und Fensterstöcke, um Vampire fernzuhalten, und Wettläufer kauten Knoblauchzehen, um zu verhindern, daß Mitbewerber sie überholten.

Doch nicht bloß Löbliches ist überliefert. Einem alten islamischen Märchen zufolge wuchs Knoblauch überall dort, wo Satan nach der Vertreibung aus dem Garten Eden seinen Fuß hinsetzte. Und König Alfons XI von Kastilien gründete Anno 1330 einen Ritterorden, dessen einziges einigendes Band der Haß auf den Knoblauch war.

DAS UR-ALLHEILMITTEL: MEDIZINISCHE FOLKLORE

Wie steht es um die Heilkraft des Knoblauchs? In der Antike nannte ihn der Volksmund schlicht "das Allheilmittel", und durch die Jahrhunderte hindurch hat sich die schlichte Knolle ihren Ruf bewahrt, von der einfachen Infektion über den hohen Blutdruck bis zur Schwindsucht alles zu heilen.
Die alten Griechen und Römer verschrieben Knoblauch als Remedium für hunderte verschiedener Beschwerden. Im 16. Jahrhundert erhofften sich die Pariser gute Gesundheit übers ganze Jahr, wenn sie nur im Monat Mai Knoblauch mit frischer Butter aßen. Im ersten Weltkrieg setzten die Briten tatsächlich Knoblauch gegen Infektionen ein, und in Rußland bekämpfte man damit Grippe-Epidemien.
Sicherlich ranken sich um die unscheinbare kleine Knoblauchzehe mehr Sagen als um irgendein anderes Lebensmittel. Die Volksheilkunde verspricht die Erlösung von einem Schnupfen, wenn man sich die Fußsohlen mit den Schnittflächen halbierter Knoblauchzehen einreibt.
Beim Zahnweh dagegen scheiden sich die Geister. Während die einen behaupten, daß eine Knoblauchzehe, in das Loch im Zahn gesteckt, den Schmerz lindert, empfehlen die anderen als Abhilfe, eine Scheibe von der Zehe ins Ohr zu stecken. Beim Ohrenweh dagegen reibt man mit einer aufgeschnittenen Zehe über und um das Ohr herum.
Es ist überliefert, daß König Heinrich V. von England bei seiner Geburt mit Wein und Knoblauch gesalbt wurde; man glaubte nämlich, daß Knoblauch auf den Lippen eines Säuglings antiseptisch und stimulierend zugleich wirke. Was die Stimulierung angeht, spricht hier allerdings mehr für den Wein. Millin aber pries 1792 den Knoblauch als wirksames Vorbeugungsmittel gegen die Pest, und Bernardin de Saint-Pierre berichtet, daß er verschiedene Nervenleiden kurieren kann.
Ob nun wissenschaftlich erhärtet oder nicht, der Volksglaube, daß Knoblauch "alles heilen kann, was dir fehlt", besteht nicht nur weiter, er wird stärker. Ob die Wissenschaft nun schlüssige Beweise für die Heilkraft des Knoblauchs liefert, das ist wirklichen Knoblauchfreunden ziemlich gleichgültig. Ihnen ist die Zauberkraft am wichtigsten, die die Knolle in der Küche zeigt. Die delikaten Aromen, die Knoblauch in Verbindung mit anderen Zutaten entfaltet, kann man nur noch als wahre Hexerei bezeichnen.

AUSWAHL UND AUFBEWAHRUNG

Frischer Knoblauch kann elfenbeinfarben sein oder auch einen rötlichlilafarbenen Schimmer aufweisen. Er muß sich fest anfühlen, seine dünne, seidenpapierähnliche Haut muß unverletzt sein. Die Knollen dürfen sich nicht weich oder schwammig anfühlen oder verschrumpelt sein. Frischer Knoblauch sollte an einem kühlen, trokkenen und gut belüfteten Platz aufbewahrt werden. Lagerung im Kühlschrank ist nicht zu empfehlen. Wollen Sie frischen Knoblauch jedoch längere Zeit aufbewahren, empfiehlt es sich, die einzelnen Zehen zu schälen und unter Olivenöl im Kühlschrank aufzubewahren. So hält er sich ohne weiteres drei Monate. Knoblauch, der länger an der Luft gelagert wird, verliert seine Schärfe. Auch kann es sein, daß er auszutreiben beginnt. In diesem Falle ist er nicht unbrauchbar, sondern nur milder im Geschmack. Sie müssen also mehr Zehen als bei der frischen Knolle für ein Rezept verwenden.

Getrockneten Knoblauch sollten Sie nur in luftdicht verschlossenen Behältern kaufen. Man lagert diese Produkte am kühlen und dunklen Ort, keinesfalls auf dem Gewürzbord über dem Herd oder vor dem Fenster, wo er der Sonne ausgesetzt wäre. Den Behälter stets dicht verschlossen halten.

TIPS FÜRS SCHÄLEN UND KOCHEN

Das Schälen von Knoblauch ist nicht immer ganz einfach. Man kann die Zehen mit der Seite einer Messerklinge auf dem Hackbrett zerdrükken. Man kann sie auch für einige Sekunden mit kochendem Wasser blanchieren. Dadurch löst sich die Haut etwas, so daß man sie leicht mit dem Gemüseputzmesser abziehen kann. Eine weitere Möglichkeit besteht darin, die Zehen für eine halbe Stunde in kaltem Wasser einzuweichen. Wenn Sie einen Mikrowellenherd besitzen, können Sie die Zehen ca. 5 Minuten darin erwärmen, damit sie sich leichter schälen lassen.

Knoblauch sollte man nicht in sehr heißes Öl geben, da er dann leicht verbrennt und einen bitteren, ungenießbaren Geschmack bekommt. Dünstet man ihn aber langsam, bekommt er ein nußartiges Aroma und läßt sich weich wie Butter auf Kartoffeln oder Brot streichen.

Die Würzkraft ist je nach Art seiner Verwendung unterschiedlich stark. Das kräftigste Aroma entwickelt Knoblauch im Rohzustand, vor allem gehackt oder zerdrückt. Ganze Zehen oder größere Stücke davon entwickeln nicht soviel Würzkraft.

Knoblauch ist extrem energiearm. Eine Zehe besitzt je nach Grösse einen Nährwert von 4 bis 8 Joule; man kann Knoblauch also bedenkenlos für Diätgerichte verwenden. Besonders gut eignet er sich für salzarme Zubereitungen.

Der Geschmack von Knoblauch entwickelt sich besonders in Gerichten, die Zwiebeln enthalten.

GERUCH

Frische Petersilie oder andere Kräuter mit hohem Chlorophyllgehalt helfen dabei, eine Knoblauchfahne zu verhindern. Deswegen nennt man Knoblauch das Naturmittel für frischen Atem.

Wenn Sie Ihre Hände vom Knoblauchgeruch befreien wollen, reiben Sie sie zunächst mit Salz oder Zitrone ab und spülen Sie dann ausgiebig unter kaltem Wasser nach. Das Verfahren wenn nötig wiederholen. Hat sich der Geruch von Knoblauch oder Zwiebeln in einem Kunststoffbehälter festgesetzt, dann sollten Sie diesen gründlich mit Wasser und Spülmittel reinigen, trocknen und anschließend mit einem Stück trokkenen zerknüllten Zeitungspapiers füllen und verschließen. Nach einigen Tagen hat das Papier den Geruch absorbiert.

FRISCHER UND TROCKENER KNOBLAUCH

Wenn Sie keinen frischen Knoblauch zur Hand haben, können Sie genausogut getrockneten Knoblauch in Form von Pulver, Granulat oder Salz verwenden. Dabei entspricht eine mittelgroße frische Knoblauchzehe 1/8 Teelöffel Knoblauchpulver oder Granulat oder 1/2 Teelöffel Knoblauchsalz. (Achtung: Wenn Sie Knoblauchsalz verwenden, müssen Sie im Rezept die Salzmenge entsprechend verringern; denn Knoblauchsalz besteht zu 90 % aus Kochsalz und nur zu 10 % aus getrocknetem Knoblauch.)

DAS RECHTE MASS

Wenn neugewonnene Knoblauchfreunde bei der Verwendung der Knolle Selbstvertrauen gewinnen und entdecken, welche Wunder das Gewürz bei einfachen Fleisch- und Gemüsezubereitungen vollbringen kann, neigen sie dazu, immer grössere Dosen zu verwenden.
Für Anfänger, die noch unsicher sind und nicht wissen, welche Dosierungen sie bei ihren Experimenten mit bekannten Rezepten einsetzen sollen, geben wir hier einige Anhaltspunkte. Dabei gehen wir von Mindestdosen aus; wirkliche Knoblauchfans verwenden in der Regel sehr viel mehr.

Fleisch: Rechnen Sie 2-3 Zehen auf 1 kg Fleisch von Schwein, Rind oder Lamm.
Saucen: 3-4 Knoblauchzehen auf einen Liter Sauce, egal ob Tomatensauce, Grillmarinade oder sonstige Sauce.
Suppen: Auf 1 Liter Fleischbrühe oder Gemüsesuppe 2-3 Zehen Knoblauch.
Einmachen: Für das Literglas Dillgurken oder grüne Bohnen rechnen Sie 2-3 Zehen.
Chutneys und Relish: 2 feingehackte Knoblauchzehen auf einen Liter.

KLEINE KNOBLAUCH-KUNDE VON A–Z

durchgepreßt nennt man frischen Knoblauch, der durch die Knoblauchpresse gedrückt wurde. Es gibt Pressen unterschiedlicher Machart, sie sehen aus wie kleine Kartoffelquetschen. Am besten funktionieren die Knoblauchpressen mit zylindrischem Behälter. Knoblauchzehen, die gepreßt werden sollen, braucht man nicht zu schälen, es genügt, sie zu halbieren. Die Haut bleibt zurück, und die Presse läßt sich leichter reinigen, weil die übrigen Rückstände mit der Haut zusammen leicht entfernt werden können. Nach Gebrauch sollte man die Knoblauchpresse gleich ausspülen, ehe die Rückstände eintrocknen.

eingelegt in Essig, Öl oder Salzlake gibt es Knoblauchzehen in kleinen Gläsern, manchmal zusammen mit Kräutern. Man verwendet diese Zehen wie frischen Knoblauch, ihr Aroma ist allerdings weniger kräftig. Einige Hersteller behaupten, daß man mit ihren Produkten Knoblauchgeruch im Atem vermeidet

feingehackt läßt sich Knoblauch universell verwenden. Die Zehen werden geschält und mit scharfem Messer oder dem Wiegemesser zerkleinert. Wem das zu mühsam ist, der erzielt mit durchgepreßtem Knoblauch aus der Presse die gleiche Wirkung, sofern es nicht auf sichtbare kleine Knoblauchstücke, etwa geröstet in der Suppe, ankommt.

frisch wird Knoblauch in der üblichen Handelsform genannt. In Wirklichkeit ist er leicht angetrocknet, d.h. der Lauch ist getrocknet, ebenso die Häute, die die Knolle und auch die einzelnen Zehen einhüllen.

getrocknet ist die häufigste haltbare Handelsform von Knoblauch. Getrockneten Knoblauch gibt es als Granulat, als Pulver und als Knoblauchsalz. Alle diese Produkte müssen in verschlossenen Behältern kühl und trocken aufbewahrt werden (also nicht auf einem Regalbrett über dem Herd).

Granulat heißt eine Handelsform getrockneten Knoblauchs. Das volle Aroma wird erst frei, wenn man dem Produkt das entzogene Wasser wieder zufügt. Knoblauchgranulat absorbiert das Vierfache seiner eigenen Masse an Wasser.

grün kommt Knoblauch seit ein paar Jahren bei uns in den Handel, bündelweise, ähnlich wie Lauchzwiebeln. Der Lauch ist noch grün, die Häute sind noch weich und feucht. Die Häute lassen sich manchmal noch schlecht vom Fruchtfleisch der Zehen trennen.

Knoblauchsalz besteht aus ca. 90% Salz und 10% Knoblauchpulver. Soll es anstelle von frischem Knoblauch verwendet werden, muß man die Salzdosis im Rezept entsprechend verringern.

Knolle nennt man die Zwiebel der Knoblauchpflanze. Die Knolle ist zugleich die übliche Handelseinheit für frischen Knoblauch. Jede Knolle besteht durchschnittlich aus 15 Zehen

Paste. Knoblauchpaste kommt als sterilisiertes, leicht gesalzenes Frischprodukt in Tuben in den Handel. Knoblauchpaste ist leicht zu handhaben und zu dosieren und hält sich in der Tube im Kühlschrank lange frisch.

Pulver. Knoblauchpulver ist feingemahlener, getrockneter Knoblauch, die meistverbreitete Handelsform für getrockneten Knoblauch.

Püree. Knoblauchpüree erhält man, indem man in starker Hitze gegarten Knoblauch durch ein feines Sieb streicht. Dieses Püree schmeckt weniger intensiv als frisch durchgepreßter Knoblauch. Man verwendet es zu Suppen und Saucen und als Brotaufstrich.

Saft. Als Knoblauchsaft bezeichnet man die klare Flüssigkeit, die beim Pressen frischen Knoblauchs aus der Presse tropft. Knoblauchsaft kommt auch in Spritzfläschchen abgefüllt als flüssiges Würzmittel in den Handel.

Zehe ist die übliche Maßeinheit für frischen Knoblauch. Während die Küchenzwiebel nicht unterteilt ist, bestehen Schalotten in der Regel aus zwei Zehen, die Knoblauchknolle durchschnittlich aus fünfzehn. Jede Zehe ist von einer feinen Haut umgeben, die beim frischen angetrockneten Knoblauch dünn ist und sich leicht abziehen läßt. Wegen der unterschiedlichen Größe der Zehen und der wechselnden Intensität des Aromas sowie natürlich auch dem Geschmacksempfinden des Kochs ist die Angabe der Zehenzahl in den Rezepten nur ein Anhaltspunkt.

zerdrückt. Geschälte Knoblauchzehen zerdrückt man auf dem Hackbrett mit der Seite der Messerklinge, oder zwischen Lagen von Pergamentpapier mit dem Nudelholz. Zerdrückte Zehen geben ihr Aroma bereitwilliger an die Speisen ab als unversehrte.

Zopf. Nach der Ernte werden Knoblauchpflanzen mit dem noch grünen Lauch zu Zöpfen geflochten und so zum Trocknen aufgehängt. Das sieht hübsch aus, duftet und soll, am Fensterkreuz aufgehängt, Vampiere abwehren. Ein Knoblauchzopf, im Urlaub auf dem Markt gekauft, vergammelt leider ziemlich schnell, wenn er daheim in der warmen Küche hängt. Nach einigen Monaten ist nur die dekorative Hülle übrig, das Fruchtfleisch ist vertrocknet und zu Staub zerfallen. Im kühlen Keller hält er sich um einiges länger.

APPETIT-MACHER

Im Mittelalter nahm man Knoblauch als Mittel gegen Appetitlosigkeit; heute schätzt man ihn noch immer aus dem gleichen Grund. Denken Sie einmal an die köstlichen Kleinigkeiten, die wir am Anfang eines Mahles servieren: Schnekken auf Burgunderart, bagna cauda, mit Knoblauch gefüllte Champignons, um nur ein paar zu nennen. Knoblauchduftende Leckereien, die den Appetit wecken und die Fantasie des Gaumens zu großen Erwartungen beflügeln.

SCHNELL GEMACHTE LECKEREIEN

Käseaufstrich: Vermengen Sie Sahnefrischkäse (z.B. Philadelphia) mit geriebenem Parmesan, Gewürzsalz und feingehacktem Knoblauch; einige Löffel Mayonnaise geben die richtige Konsistenz. Formen Sie die Masse zur Rolle und wälzen Sie sie in gehackten Nüssen. Kaltstellen und zu Kräckern oder Knäckebrot reichen.

Schnelle Aioli: Verrühren Sie 250 g Fertigmayonnaise mit 2-3 durchgepreßten Knoblauchzehen. Als Sauce zu Rohkost, kaltem Fleisch oder kaltem Fisch.

Oliven und Knoblauch: Mit Mandeln gefüllte Oliven werden mit geschälten Knoblauchzehen für 24 Stunden in Gurkenlake eingelegt. Im Kühlschrank aufbewahren.

Spinat-Dip: Garen Sie tiefgekühlten passierten Spinat, drücken Sie dann das Wasser heraus. Lauchzwiebeln, Petersilie und 2-3 Knoblauchzehen fein hacken, mit einigen Löffeln Mayonnaise zusammen alles verrühren, nach Geschmack salzen. Dazu Kräcker oder Salzstangen.

Gebratener Knoblauch: Knoblauchzehen schälen, mit etwas Oregano in Olivenöl rundum goldbraun braten. Auf Küchenkrepp abtropfen, mit grobem Meersalz bestreuen. Als warme Knabberei zu kalten Drinks servieren.

ANTIPASTO AGLIO

Das Rezept für diese originellen Appetithappen stammt von einem der besten Hobbyköche aus Gilroy, M.J.Filice. Er kreierte es auf einem Jagdausflug. In dieser Zubereitung ist der bestimmende Geschmack des Knoblauchs auf ein delikates, nußartiges Aroma reduziert.

30 große Knoblauchzehen
50 g Sardellenfilets, gewässert, abgetropft und trockengetupft
1 EL feingehackte glatte Petersilie
1 EL geschmolzene Butter
1 EL Olivenöl
1 Spritzer Pfeffersacue (Tabasco)
50 ml Olivenöl
2-3 Dutzend dünne Scheiben vom Baguette, getoastet

Knoblauchzehen schälen und quer in 3 mm dicke Scheiben schneiden; die Enden durch die Knoblauchpresse drücken und mit den Sardellenfilets in eine Schüssel mit rundem Boden geben, bessser ist ein Mörser. Petersilie, Butter und 1 EL Öl zufügen, alles zu einer sämigen Paste verarbeiten. Die Mittelstücke der Zehen im restlichen Öl in einer Pfanne goldbraun braten (keinesfalls schwarz!). Die Sardellenpaste auf die getoasteten Brotscheiben streichen, mit den gebratenen Knoblauchzehen garnieren. MANNO–MANN! Was für ein Geschmack! Reichen Sie dazu einen kräftigen Rotwein. Salute e buon appetito!

DAVE'S LIEBSTER KNOBLAUCH-DIP

Dips sind pikante, konsistente Saucen, in die man Kräcker, Knäckebrot oder Salzstangen tunkt. In Amerika sind solche Zubereitungen auf Cocktailparties und zu ähnlichen Anlässen sehr beliebt. In der Regel gilt: je einfacher das Rezept desto besser. Dieser Dip eignet sich auch gut zum Füllen von Bleichsellerie-Stangen. Umwerfend schmakkig!

250 g Sahnekäse
3 EL Milch
5 große durchgepreßte Knoblauchzehen
2 EL feingehackte glatte Petersilie
Salz, Paprikapulver

Die Zutaten werden in einer Schüssel mit der Gabel zu einer sämigen Paste verarbeitet. Am Schluß mit Salz und Paprika abschmecken.

GARLIC GUACAMOLE

Guacamole ist eine mexikanische Spezialität, ein Dip auf der Basis von Avocado-Fleisch. Die Mexikaner essen Guacamole zu knusprig gebratenen Stücken von Tortillas, jene Maisfladen, die die Basis der mexikanischen Volksnahrung bilden. Mit Kräckern oder Knäckebrot schmeckt Guacamole aber auch sehr gut.

1 reife Avocado
50 g Tofu (geschmacksneutraler japanischer Bohnenquark; ersatzweise Magerquark)
4-6 durchgepreßte Knoblauchzehen
1/2 mittelgroße Paprikaschote
2 Lauchzwiebeln
2 EL feingehackte Petersilie
1/2 TL Currypulver
1/2 TL Thymian
1/4 TL schwarzer Pfeffer aus der Mühle
4-6 TL Tomatenketchup
einige Spritzer Tabasco
Saft von 1/2 Zitrone, besser Limette

Avocadofleisch und Bohnenquark in einer Schüssel zerdrücken, Knoblauch, feingehackte Paprikaschote und feingehackte Zwiebel untermengen, Kräuter und Gewürze zufügen, Ketchup und Zitronensaft unterrühren, mit Tabasco abschmekken. Dieses Knoblauch-Guacamole sollte nach Möglichkeit frisch gegessen und nicht länger als einige Stunden im Kühlschrank aufbewahrt werden.

AUBERGINEN-DIP

Eine ungewohnte und wohlschmekkende Art, Auberginen zu verwenden, und ein preiswertes Rezept dazu.

1 mittelgroße Aubergine
1/4 Zwiebel, feingehackt
3 Zehen Knoblauch, durchgepreßt
Olivenöl, Salz, Pfeffer

Die Aubergine in einer schweren Bratpfanne bei schwacher Hitze rundum anbraten, bis sich die Haut knusprig anfühlt. Abkühlen lassen, pellen, Fruchtfleisch kleinschneiden und pürieren. Während des Pürierens Olivenöl zufügen. Das Fruchtfleisch absorbiert das Öl, so daß nach und nach mehr Öl benötigt wird. Mit Salz und Pfeffer abschmecken, kaltstellen.

„ZU EINFACH"

Ein Aufstrich für warmes Brot, den Sie schnell zusammengemixt haben, wenn unerwartet Gäste auftauchen.

100 g geriebener Cheddar-Käse
2 EL Mayonnaise
1 Knoblauchzehe, feingehackt
Petersilie

Käse, Mayonnaise und Knoblauch gründlich vermengen, eine Weile im Kühlschrank ruhen lassen, damit sich die Aromen verbinden. Ein Baguette halbieren, die Käsemischung daraufstreichen und das Ganze unter dem Grill zum Schmelzen bringen. Mit Petersilie bestreuen.

MARINIERTE ARTISCHOCKENHERZEN

Eine beliebte italienische Vorspeise

1 Dose Artischockenherzen, abgetropft
2 EL Olivenöl
2 EL Zitronensaft
2 Knoblauchzehen, durchgepreßt
Salz, Oregano, Kerbel, Estragon

Zitronensaft, Öl, Knoblauch, Salz und Kräuter zu einer Marinade verrühren, die Artischocken mindestens 2 Stunden im Kühlschrank darin ziehen lassen.

ROSE-EMMAS AUBERGINENRELISH

Unter Relish versteht man in Amerika eine Gattung pikanter saurer Saucen auf Gemüsebasis, die man zum Beispiel zu Würstchen reicht. Hier ist die vielseitige Pflanze Aubergine mit Knoblauch, Zwiebeln und Tomaten vereint.

1 mittelgroße Aubergine, geschält und in Würfel von 1 cm Kantenlänge geschnitten. (Sie brauchen 3/4 l fertige Auberginenwürfel)
1 kleine grüne Paprikaschote, feingewürfelt
1 mittelgroße Zwiebel, feingehackt
3 durchgepreßte Knoblauchzehen
75 ml Olivenöl
150 g Tomatenmark
100 g Champignonstücke aus der Dose (III. Wahl) mit Flüssigkeit
100 g mit Paprika gefüllte Oliven
50 ml Wasser
2 EL Rotweinessig
1 1/2 TL Zucker
1 TL Salz
1/2 TL Oregano
1/2 TL Pfeffer aus der Mühle

Aubergine, Paprikaschote, Zwiebel und Knoblauch bei schwacher Hitze im Öl 10 Minuten andünsten, gelegentlich dabei umrühren. Tomatenmark, Pilze mit Saft und die übrigen Zutaten zufügen, bei geschlossenem Deckel 30 Minuten weiterdünsten. Abkühlen lassen, in eine Schüssel mit Deckel geben und über Nacht im Kühlschrank lassen. Mit Kräkkern und Kartoffelchips servieren. Läßt sich einfrieren.

SAHNIGER KRÄUTERKÄSE MIT KNOBLAUCH

Eine hausgemachte Zubereitung von Sahnefrischkäse in einer populären Geschmacksrichtung.

500 g Sahnefrischkäse
1/2 l Sauerrahm
125 g weiche Butter
3 durchgepreßte Knoblauchzehen
1 Bund Schnittlauch, gehackt

Alle Zutaten mit einem Handrührgerät zu einer cremigen Masse verrühren. In einer geeigneten Form im Kühlschrank mehrere Stunden kaltstellen. Eine halbe Stunde vor dem Servieren herausnehmen. Zu Kräkkern oder Rohkost reichen.

CHAMPIGNONS „FEINSCHMECKERSTRASSE"

Der Rancher und Hobbykoch Jim Rubino verriet uns das Rezept für seine gefüllten Pilze, die ein Schlager der Feinschmeckerstraße waren. Eine ideale Vorspeise zum Mit-der-Hand-Naschen. Sie können sie am Vortag roh zubereiten und grillen, wenn Ihre Gäste eingetroffen sind. Aber bitte nicht zu wenig, denn sie sind schnell weg, wenn Sie ein paar Freunde eingeladen haben.

20 mittelgroße Champignons
50 g frischgehackte Petersilie
50 g frischgeriebener Parmesankäse
4 durchgepreßte Knoblauchzehen
2 EL weiche Butter

Pilze putzen, Stiele entfernen. Petersilie mit Parmesan, Knoblauch und Butter vermengen, die Pilzhüte damit füllen, in einer flachen Form 4-5 Minuten unter dem heißen Grill oder Salamander flämmen. Die Pilze sollen noch fest sein.

GEMÜSE, SALATE & DRESSINGS

"Wohl liebte er Knofel, Zwiebeln und auch Lauch" schrieb Chaucer in seinen berühmten Canterbury Tales. Heute wie eh und je schätzen die Menschen die stark duftenden Knollen wegen ihres Wohlgeschmacks und des pikanten Aromas, das sie den Speisen mitgeben. Gemüsegerichte reagieren besonders positiv auf eine Knoblauchgabe während der Zubereitung, egal ob es sich nun um Dämpfen, Backen oder Dünsten handelt. Höhepunkte sind Kreationen in der Art des Gilroy Ratatouille oder der Hollister Gemüse Kasserolle. Und gibt es überhaupt irgendeine Salatsauce, die durch Knoblauch nicht noch besser würde? Wir kennen keine.

SCHNELL GEDACHT UND SCHNELL GEMACHT

Spinat: Tiefgekühlten Blattspinat mit einigen Löffeln Wasser bei schwacher Hitze auftauen, abgießen, mit frischer Butter, durchgepreßten Knoblauchzehen und etwas Salz vorsichtig garen.

Grüne Bohnen: Bohnen halbgar dämpfen, dann mit trockenem Weißwein, frischgehacktem Knoblauch und Butter vollenden.

Quiche Lorraine: Verleihen Sie dieser Köstlichkeit eine besondere Note, indem Sie der Füllung frischgehackten Knoblauch zusetzen.

Bratkartoffeln: Verwandeln Sie die treudeutschen Knollen, indem Sie feingeschnittenen Knoblauch mitbraten. Zum Schluß mit geriebenem Parmesankäse bestreuen.

Blanchieren: Gemüse erhält einen dezenten Hauch von Knoblauch, wenn Sie im Blanchierwasser einige frischgeschnittene Knoblauchzehen mitkochen.

Salatsauce: Das Grundrezept. Nehmen Sie drei Teile Öl auf einen Teil Zitronensaft oder Essig, schmecken Sie mit Salz, frischem Pfeffer aus der Mühle und einer oder mehreren zerdrückten Knoblauchzehen ab. In einem Marmeladenglas mit Drehverschluß gründlich schütteln. Einige Stunden stehen lassen, damit sich die Aromen verbinden können. Nehmen Sie den Knoblauch heraus, ehe Sie mit der Sauce Ihren Salat anmachen. Das Grundrezept kann durch Zugabe von Senf und verschiedenen Kräutern verändert werden, ebenso durch die Wahl unterschiedlicher Öl- und Essigsorten.

Diskretion: Für den ganz dezenten Knoblauchgeschmack am Salat reiben Sie ein Stück Brotrinde mit der Schnittfläche einer halbierten Knoblauchzehe ein (die Franzosen nennen das *chapon,* einen Kapaun also) und dann mit der Rinde die Salatschüssel aus. Nicht ganz so diskret wird das Knoblaucharoma, wenn Sie die Schüssel direkt mit der Knoblauchzehe ausreiben.

KAROTTEN ALI BABA

Ein kaltes Gemüsegericht, das bei der sommerlichen Gartenparty gegrilltes Fleisch sowie Kartoffelsalat ideal begleitet. Ali Baba Möhren schmecken noch besser, wenn sie bereits einen Tag vorher zubereitet wurden.

1 kg Möhren
6 EL Hühnerbrühe, Wasser oder Weißwein
6 EL Olivenöl
7 Knoblauchzehen
Salz, Pfeffer
3 El Weißweinessig oder Estragonessig
Dill, Cayennepfeffer, Paprika, Kümmel
Gehackte Petersilie

Möhren schälen und in 5 cm lange Stücke schneiden, dickere Wurzeln der Länge nach zusätzlich vierteln. Die vorbereiteten Möhren in mehreren kleinen Portionen in reichlich kochendem Salzwasser blanchieren, herausnehmen und in eiskaltem Wasser abschrecken, abtropfen. In einer Kasserolle Brühe, Wein oder Wasser mit dem Olivenöl und zwei geschälten Knoblauchzehen aufkochen. Blanchierte Karotten zugeben, mit Salz und Pfeffer abschmecken; Karotten vorsichtig gardünsten, so daß sie noch Biß haben. Abgießen, Knoblauchzehen und Flüssigkeit verwahren.

In einer Schüssel aus Essig, Salz, 5 kleingehackten Knoblauchzehen, Pfeffer und Gewürzen eine Marinade rühren, die Karotten darin anmachen, Kochflüssigkeit und ganze Knoblauchzehen dazugeben. Zudecken und mindestens 6 Stunden im Kühlschrank ziehen lassen. Zum Servieren die Karotten abgießen und auf einer Platte anrichten, mit gehackter Petersilie bestreuen.

CHAMPIGNONS SUPREME

Eine köstliche Gemüsebeilage, wenn Sie das nächstemal Freunde zum Essen einladen.

500 g Champignons, geputzt, grössere Pilze in Scheiben geschnitten, kleine ganz
4 EL Olivenöl
7 Knoblauchzehen, geschält und dünn geschnitten
3 EL feingeschnittene Petersilie
Salz, Pfeffer aus der Mühle

Die Pilze im Olivenöl in einer Dekkelkasserolle bei schwacher Hitze 15 Minuten dünsten. Deckel abnehmen, Knoblauch und Petersilie zufügen, mit Salz und Pfeffer abschmecken. Weiterdünsten, bis die Flüssigkeit weitgehend verdampft ist.

BASKISCHE AUBERGINEN-KASSEROLLE

Die Basken, ein stolzes und selbstbewußtes Volk, schätzen eine deftige Küche. Und sie lieben ihren Knoblauch!

6 EL Olivenöl
1 Zwiebel, in Ringe geschnitten
2 grüne Paprikaschoten, in Streifen geschnitten
5 große Champignons, in Scheiben geschnitten
1 Stange Bleichsellerie, feingeschnitten
5 Knoblauchzehen, feingehackt
6 Tomaten, abgezogen und kleingeschnitten
Salz
1 EL provencalische Kräutermischung (fines herbes)
1 große Aubergine
2 Eier, mit 1 EL Wasser und einer Prise Salz aufgeschlagen
50 g frischgeriebener Parmesankäse
100 g frischgeriebener Emmentaler

In einer schweren Pfanne 3 EL Öl erhitzen, Zwiebel, Paprika, Sellerie, Knoblauch und Pilze darin bei schwacher Hitze weichdünsten. Tomaten zugeben und aufkochen, mit Salz und Kräutermischung abschmecken, eine halbe Stunde bei schwacher Hitze köcheln lassen. Aubergine waschen und in 1 cm dicke Scheiben schneiden, salzen, in Ei wenden und in heißem Öl von beiden Seiten braten. Die gebratenen Auberginescheiben in eine flache Auflaufform legen, mit Parmesan bestreuen, mit der Tomatensauce bedecken, mit Emmentaler bestreuen und im 180°C heißen Ofen überbacken, bis der Käse obenauf geschmolzen ist.

CHINESISCH GEBRATENES GEMÜSE

Was wäre die chinesische Küche ohne frischen Knoblauch und die Ingwerwurzel? Eine großartige Kombination!

4 EL Sojaöl
4 Knoblauchzehen
4 Scheiben von der Ingwerwurzel, 1 mm dick
1 kg frisches Gemüse, geputzt und kleingeschnitten (Spargel, Broccoli, grüne Bohnen, Möhren, etc.)
1 kleine Dose Wasserkastanien, abgetropft und kleingeschnitten
4 EL Sojasauce
Salz, Pfeffer
100 g geröstete Nüsse (Erdnüsse, Mandeln, Cashews), falls gewünscht

Knoblauchzehen mit der flachen Messerklinge zerdrücken, Öl in einer großen, schweren Pfanne mit hohem Rand erhitzen, Knoblauch und Ingwer darin andünsten, bis diese Gewürze ihr Aroma abgegeben haben, dann herausnehmen. Bei stärkster Hitze das Gemüse zugeben und in der Pfanne rühren, bis es zartknusprig ist. Wasserkastanien, Sojasauce, Salz und Pfeffer zugeben und eine weitere Minute pfannenrühren. Mit den Nüssen bestreuen und servieren.

KAISERSCHOTEN KANTONESISCH

Die Chinesen haben in der Geschichte Kaliforniens eine wichtige Rolle gespielt, die auch in der Küche ihre Spuren hinterlassen hat. Kein Volk versteht es besser, mit Gemüse und Knoblauch verführerische Kreationen zu zaubern.

1 EL Erdnußöl
4-5 feingehackte Knoblauchzehen
250 g Kaiserschoten (Zuckererbsen, mangetout)
1 kleine Dose Wasserkastanien, abgetropft und in Scheiben geschnitten
1 kleine Dose Bambussprossen, abgetropft und in Scheiben geschnitten
50 ml Hühnerbrühe
2 TL Sojasauce
1 TL Stärkemehl
1 EL Wasser
Salz, Pfeffer

Schoten putzen, die Enden abschneiden und die Fäden abziehen. Öl in einer schweren großen Pfanne erhitzen, Knoblauch darin anbräunen, Schoten, Bambus und Wasserkastanien zugeben und bei stärkster Hitze eine Minute pfannenrühren. Mit Hühnerbrühe und Sojasauce ablöschen, zudecken. Stärkemehl mit Wasser anrühren und über das Gemüse geben. Umrühren, bis die Sauce gleichmäßig gebunden ist (etwa 1 Minute). Mit Salz und Pfeffer abschmecken.

GRIECHISCHE BOHNEN

Auch die Griechen wissen mit Knoblauch umzugehen. Dieses Gericht ist kinderleicht zuzubereiten, aber lekker genug, um es den Gästen vorzusetzen.

500 g frische grüne Bohnen
1/4 l Tomatensaft
50 ml Olivenöl
3 durchgepreßte Knoblauchzehen
3 Tomaten, geviertelt
1 feingehackte Zwiebel
1 Bund Petersilie, gehackt
Oregano, Paprika, Salz und Pfeffer

Die geputzten Bohnen in 5 cm lange Scheiben schneiden, im Tomatensaft gardünsten, Tomaten, Zwiebel, Petersilie und Oregano halbgar dünsten. Mit den halbgaren Bohnen vermischen, mit Salz, Pfeffer und Paprika abschmecken und ca. 5 Minuten weiter garen.

HOLLISTER GEMÜSEKASSEROLLE

Ein beliebtes Familienrezept, mit dem Lena Lico aus Hollister sich in die Endausscheidung des Rezeptwettbewerbes kochte. Ein schönes Hauptgericht für Vegetarier, aber auch eine leckere Beilage zu Fleisch.

6 Zucchini, in Scheiben geschnitten
6 Kartoffeln, geschält und in Scheiben geschnitten
3 grüne Paprikaschoten, in Streifen geschnitten
2 große Zwiebeln, in Scheiben geschnitten
1 große Aubergine, in 1 cm dicke Scheiben geschnitten
100 g Parmesankäse (frisch gerieben)
Salz, Pfeffer
5 durchgepreßte Knoblauchzehen
1 TL Oregano (getrocknet)
8 große Tomaten, in Achtel geschnitten
100 ml Olivenöl

Das vorbereitete Gemüse in eine gefettete Kasserolle schichten, jede Schicht salzen und pfeffern, mit Käse bestreuen. Als oberste Lage kommen die mit Knoblauch und Oregano vermischten Tomaten, die mit dem restlichen Käse bestreut und mit Öl beträufelt werden. Mit geschlossenem Deckel bei 180°C 1 1/2 Stunden lang im Ofen garen. Deckel abnehmen und bei 190°C weitere eineinhalb Stunden garen.

FRITTATA MIT ARTISCHOCKEN & KAROTTEN

Frittata nennt man in Italien Rühreier mit allerlei Einlagen, die im Ofen gebacken werden. Man kann sie kalt oder warm genießen, als Hauptgang oder als Vorspeise.

1 kleine Dose Artischockenherzen, feingeschnitten
8 Eier, aufgeschlagen
50 g frisch geriebener Parmesankäse
150 g geriebene Möhren
1 Bund Petersilie, feingehackt
1 mittelgroße Zwiebel, feingehackt
1 Stange Bleichsellerie, feingehackt
5 Knoblauchzehen, feingehackt
1 EL Tomatenketchup
1 TL Salz
Pfeffer

Alle Zutaten gut miteinander verrühren, in einer 20 x 25 cm großen gefetteten Auflaufform bei 150°C 20-30 Minuten stocken lassen. Nicht übergaren, da dies die Frittata trokken werden läßt. Zum Servieren in rechteckige Stücke schneiden.

MELANZANE ALLA PARMIGIANA

Das berühmte italienische Auberginengericht mit der wunderbaren Würze von Parmesankäse, Tomaten und natürlich – Knoblauch!

2 mittelgroße Auberginen
Öl zum Braten
1 große Dose geschälte Tomaten
1 140 g - Dose Tomatenmark
6 durchgepreßte Knoblauchzehen
1 1/2 TL Fondor
1 El getrocknete Petersilie
Schwarzer Pfeffer
1 Lorbeerblatt
150 g weiche Weißbrotkrumen
250 g Mozarella Käse, in Scheiben geschnitten

Auberginen waschen und in 1 cm dicke Scheiben schneiden. In einer Pfanne in Öl auf beiden Seiten leicht braun anbraten, warmstellen. In einer Kasserolle in etwas Öl Tomaten, Tomatenmark, Knoblauch, Fondor, Petersilie und Lorbeerblatt aufkochen, mit Salz und Pfeffer abschmecken und eine Viertelstunde köcheln lassen. Parmesankäse und Brot zugeben, gut unterrühren, vom Feuer nehmen. Eine flache Gratinschale von 2 Liter Inhalt einfetten, eine Schicht Auberginen auf den Boden legen, mit der Hälfte der Tomatensauce und der Hälfte des Mozarella-Käses bedecken, dann abermals eine Schicht Auberginen, Sauce, Mozarella. Bei 180°C im Ofen 20 Minuten lang überbacken, sofort servieren.

GEGRILLTE KNOBLAUCHTOMATEN

Eine provencalisch inspirierte Beilage zu Steak oder aber für sich alleine eine Vorspeise oder ein Zwischengericht.

4 große reife Tomaten
100 g Brösel von frischem Weißbrot ohne Rinde
2-3 feingehackte Knoblauchzehen
8 Blätter frisches Basilikum, feingeschnitten
4 EL zerlassene Butter
Salz, Pfeffer
1 Bund Petersilie, feingehackt

Brotkrumen mit gehacktem Knoblauch, Basilikum und der gleichen Menge Petersilie und einer Prise Salz vermengen, die geschmolzene Butter in die Mischung einarbeiten. Tomaten halbieren, mit der Schnittfläche nach oben in eine Gratinform stellen, die Schnittflächen mit der Brotmischung bestreichen. Unterm Grill backen, vor dem Servieren mit der restlichen Petersilie bestreuen.

PRINZESSBOHNEN NACH VAL UND ELSIE

Val Filice ist Knoblauchfarmer und Chefkoch bei der Feinschmeckerstraße. Seine Frau Elsie versteht es, sogar Bohnen aus der Dose kulinarisch zu erhöhen

4 zerdrückte Knoblauchzehen
25 g magerer Speck, in feine Streifen geschnitten
4 EL Olivenöl
3 Normaldosen feine Prinzeßbohnen, abgetropft (50 ml von der Flüssigkeit verwahren)
Oregano, frisches (oder notfalls getrocknetes) Basilikum, Salz und Pfeffer

Knoblauch und Speck in einer Kasserolle im Öl andünsten, bis der Knoblauch bernsteinfarben ist; vom Feuer nehmen, Bohnen und Flüssigkeit zufügen, mit Oregano, Basilikum, Salz und Pfeffer abschmecken, dann bei schwacher Hitze die Bohnen vorsichtig erwärmen.

ZUCCHINIPFANNE SCHNELL UND DEFTIG

Eine leckere Beilage zu jeder Art von Fleisch.

4 mittelgroße Zucchini
2 TL Fondor
2 TL getrocknete Petersilie
1 TL gefriergetrocknete Zwiebel
1/4 TL schwarzer Pfeffer aus der Mühle
50 ml Olivenöl
2 Knoblauchzehen

Zucchini waschen und trocknen, quer in 5 mm dicke Scheiben schneiden. Die trockenen Gewürze vermischen, mit den Zucchinischeiben in einer Schüssel schütteln, so daß sie gut mit Würze überzogen sind. Öl in einer Kasserolle erhitzen, Knoblauchzehen hineinpressen, die Zucchinischeiben bei starker Hitze von beiden Seiten anbraten, so daß sie leicht gebräunt sind (ca. 10 Minuten). Zucchini auf Küchenkrepp abtropfen und heiß servieren.

BLUMENKOHL MIT KNOBLAUCHÖL

Eine erfrischend andere Art, ein uns wohlbekanntes Gemüse zuzubereiten. Broccoli können Sie übrigens nach dem gleichen Rezept anrichten.

1 Blumenkohl
1 dl Olivenöl
1/2 TL Salz
4 feingehackte Knoblauchzehen
2 EL feingehackte Petersilie
3 hartgekochte und gehackte Eier

Blumenkohl in einzelne Röschen teilen, in kochendem Salzwasser blanchieren, bis die Röschen gar sind, aber noch Biß haben. (Im Dampfkochtopf geht's auch, wenn Sie die Kochzeit im Griff haben). Abgiessen und in eine vorgewärmte Schüssel geben. Öl mit Salz, Petersilie und Knoblauch in einem Pfännchen erhitzen, bis der Knoblauch ganz leicht gebräunt ist, dann die Mischung über den Blumenkohl geben, mit den gehackten Eiern garnieren.

KAROTTEN UND ZUCCHINI MIT KAPERN

Zwei alltägliche Gemüse erhalten durch die Kombination von Knoblauch und Kapern einen ganz besonderen Pfiff.

5 mittelgroße Möhren
3 kleine Zucchini
3 feingehackte Knoblauchzehen
3 EL Butter
Salz, Pfeffer, Rosmarin
2-3 EL Wasser
1 EL Kapern

Möhren schälen und waschen, Zucchini waschen, alles in 5 mm dicke Scheiben schneiden. Knoblauch in der Butter leicht andünsten, Möhren zugeben und zwei Minuten dünsten, dann Zucchini zugeben, mit Wasser ablöschen und mit Salz, Pfeffer und Rosmarinpulver abschmekken. Weiterdünsten, bis die Gemüse gabelweich sind (ca. 15 Minuten), gelegentlich umrühren. Vor dem Servieren Kapern unterheben und 1 Minute dünsten.

ZUCCHINI ALLA PELLICCIONE

Diese mit Minze marinierten Zucchini nach dem Rezept eines Kochs aus der Feinschmeckerstraße eignen sich als kaltes Hors d'Oeuvre oder genausogut als Beilage zu Fleisch.

7-8 Zucchini (nicht dicker als 5 cm)
Salz
Mehl zum Wenden
Semmelbrösel
6-8 Knoblauchzehen, geschält und in feine Scheiben geschnitten
Olivenöl zum Ausbacken
30 Blatt frische Minze
Weinessig

Zucchini waschen, die Enden abschneiden, die Früchte in 5 mm dikke Scheiben schneiden. Eine Lage in einen Durchschlag schichten, kräftig salzen, dann die nächste Lage Zucchinischeiben darüberlegen, usw., bis alle Zucchini geschichtet sind. Eine Stunde abtropfen lassen. Zucchinischeiben in Mehl wenden und in einer Pfanne im heißen Öl braten, bis sie leicht gebräunt sind, dann auf einer Platte abkühlen lassen. Eine flache Schüssel mit einer Schicht gebratener Zucchinischeiben auslegen, Knoblauchscheiben und Minzeblätter darüber verteilen, mit Semmelbröseln bestreuen, dann mit Weinessig beträufeln. So weiter verfahren, bis alle Zucchini aufgebraucht sind. Zugedeckt im Kühlschrank mehrere Stunden ziehen lassen.

TOMATEN AUF CLARAS ART

"Hübsch anzusehen und lecker" kommentiert Clara Lutz ihr Rezept, das sie zum Wettbewerb einreichte. Wir stimmen ihr gerne zu.

6 große feste Tomaten
3 feingehackte Knoblauchzehen
1 Bund Lauchzwiebeln, feingeschnitten (ein Teil vom Grün mitverwenden)
1 Bund feingehackte glatte Petersilie
Salz, Pfeffer aus der Mühle
75 ml Maiskeimöl
40 ml Apfelessig
1 EL scharfer Senf

Tomaten in Scheiben schneiden, in einer flachen Schüssel anrichten, mit Knoblauch, Zwiebeln, Petersilie, Salz und Pfeffer bestreuen. Mit Folie abdecken und 3-4 Stunden kaltstellen. Aus Öl, Essig und Senf eine Vinaigrette im Marmeladenglas zusammenschütteln und über die Tomaten geben.

GEMÜSEPFANNE VERACRUZ

Als Vorbild diente eine klassische mexikanische Sauce, die zu Fisch gereicht wird. Als eigenständiges vegetarisches Gericht besitzt es einen unverwechselbaren Geschmack.

1 ganze Knolle Knoblauch
1 große Aubergine (ca. 750 g)
1 1/2 TL Salz
Saft von 1 Zitrone
1 mittelgroße Zwiebel
50 ml Olivenöl
2 EL Butter
Oregano, Basilikum, Pfeffer
2 große Dosen geschälte italienische Tomaten
1 TL Stärkemehl, mit 1 El Wasser verrührt

Knoblauch in einzelne Zehen trennen, diese pellen. Aubergine schälen und in 2 cm große Würfel schneiden, Zucchini in 1 1/2 cm lange Stücke, die anschließend geviertelt werden. Zucchini und Auberginen gründlich mit Zitronensaft beträufeln, in eine Schüssel geben und mit einem Teller und einem Gewicht beschweren. Zwiebel der Länge nach vierteln und dann in dünne Scheiben schneiden. Alle Knoblauchzehen bis auf 4 zusammen mit den Zwiebeln in Öl und Butter 10 Minuten lang bei mittlerer Hitze dünsten. Die Flüssigkeit von den Tomaten zufügen, aufkochen, Hitze vermindern, mit Oregano, Basilikum, Salz und Pfeffer abschmecken. Bei schwacher Hitze weiterköcheln lassen. Tomaten vierteln, die Kerne rausdrücken, Fruchtfleisch grob hacken, beiseite stellen. Zucchini und Auberginen mit wenig Wasser ca. 10 Minuten weichdämpfen, dann zusammen mit dem Tomatenfleisch in die Sauce geben. Restlichen, feingehackten Knoblauch zufügen. Aufkochen und das angerührte Stärkemehl zufügen, umrühren, bis die Sauce gleichmäßig gedickt ist. Eine Stunde stehenlassen, damit sich die Aromen entfalten können. Schmeckt kalt oder warm ganz köstlich, auch und vor allem, wenn es einen Tag gestanden hat.

RATATOUILLE AUF GILROY-ART

Mit Bratwurst und Käse angereichert ist dieses Spezial-Ratatouille eine komplette Mahlzeit. Vegetarier lassen einfach die Wurst weg.

3 feingehackte Knoblauchzehen
2 mittelgroße Zwiebeln, in dünne Scheiben geschnitten
75 ml Olivenöl
1 grüne Paprikaschote, in feine Ringe geschnitten (Kerne und Innenwände nicht mitverwenden)
2 mittelgroße Auberginen, ungeschält in Würfel geschnitten
2 mittelgroße Zucchini in 5 mm dikke Scheiben geschnitten
750 g Tomaten oder 1 große Dose geschälte italienische Tomaten
Basilikum, Petersilie, Salz, Pfeffer
750 g frische Bratwurst aus Schweinemett
250 g Champignons
150 g geriebener Emmentaler Käse

Knoblauch und Zwiebeln im Öl in einer großen schweren Kasserolle weichdünsten. Paprika, Zucchini und Auberginen zugeben und bei mittlerer Hitze 5 Minuten dünsten, gelegentlich umrühren. Tomaten und Gewürze zugeben, 15 Minuten im offenen Topf dünsten, dann weiter 15 Minuten bei geschlossenem Deckel. Die letzten 10 Minuten die geputzten und in Scheiben geschnittenen Champignons mitdünsten. Bratwurst in 2 cm lange Stücke schneiden, in einer Pfanne braun braten, Fett abgießen, die Wurststücke ins Ratatouille geben; gut vermengen. Mit dem Käse bestreuen und zudecken, bis der Käse geschmolzen ist (Für 8 Personen).

GRÜNE BOHNEN ASADOOR

Ein italienisch inspiriertes Rezept, dieses so beliebte Gemüse auf den Tisch zu bringen.

1 mittelgroße feingehackte Zwiebel
4 Knoblauchzehen
100 g Butter
2 EL Tomatenmark, mit 2 EL Weißwein verrührt
6 Blatt Basilikum, feingeschnitten
500 g feine grüne Bohnen

Bohnen putzen (Enden abschneiden und eventuell vorhandene Fäden abziehen) und waschen. Knoblauch fein hacken oder durch die Presse treiben, mit der Zwiebel in der Butter andünsten, Basilikum, Tomatenmark und Wein zufügen. Bohnen zufügen, gut unterheben und bei geschlossenem Deckel 15 bis 20 Minuten dünsten. (Die Bohnen sollen noch Biß haben).

GRÜNE BOHNEN MIT DILL

Selbsteingemachtes Gemüse ist stets willkommen, wenn etwa überraschend Gäste kommen. Diese grünen Bohnen, mit Dill und Knoblauch aromatisiert, sind ein tischfertiger Imbiß oder auch ein originelles Gastgeschenk.

2 kg grüne Bohnen
8 TL Dillsamen
4 TL Senfsaat
1 TL Cayennepfeffer
4 geschälte Knoblauchzehen
4 TL Salz
8 EL Essig

Bohnen putzen und waschen, in reichlich kochendem Salzwasser 2 Minuten blanchieren, abgießen, mit kaltem Wasser abschrecken und abtropfen lassen. Auf 4 vorbereitete 1 l - Einmachgläser verteilen. Salz, Gewürze und Essig auf die Gläser verteilen, mit Wasser auffüllen, so daß die Bohnen bedeckt sind. Mit Gummiringen und Deckeln verschließen, die Deckel mit Klammern befestigen und die Gläser nach Vorschrift im Backofen oder im Einmachkessel sterilisieren.

GUBSERS FRITTTATA MIT GRÜNEN BOHNEN

In den zwanziger Jahren begann Joseph Gubsers Vater in Gilroy mit dem Anbau von Knoblauch, und sein Sohn Joe jr. sagt: "Ich bin mit der Knoblauchindustrie groß geworden". Er und seine Frau Doris haben dieses ungewöhnliche Rezept beigesteuert. Man kann die Frittata als kalte Gemüsebeilage oder als Vorspeise reichen.

1 grüne Paprikaschote, feingehackt
1 kleine Zwiebel, feingehackt
1 dl Olivenöl
1,5 kg grüne Bohnen
75 g geriebener Parmesankäse
170 g Semmelbrösel
5 cl Sherry
3 Eier
3 große feingehackte Knoblauchzehen
1 EL italienische Kräutermischung
Salz, Pfeffer, Paprikapulver

Bohnen putzen, waschen und ca. 3-5 Minuten in reichlich kochendem Salzwasser blanchieren, abgiessen und mit kaltem Wasser abschrekken. 3 Eßl. vom Olivenöl abnehmen und die Paprikaschote mit der Zwiebel darin andünsten. Eier aufschlagen, 50 g Parmesankäse, Sherry, Knoblauch und Kräuter einrühren, mit Öl und Semmelbröseln vermischen, mit Salz und Pfeffer abschmecken; diese Mixtur gründlich mit den Bohnen vermischen, das Ganze in eine gebutterte Auflaufform schichten, mit dem restlichen Käse und Paprika bestreuen, im 165°C warmen Backofen etwa 4 40 Minuten garen, oder bis die Bohnen den gewünschten Grad von Weichheit erreicht haben. Ergibt 10-12 Portionen.

GEBACKENE KNOBLAUCHKARTOFFELN

Hier gehen neue Kartoffeln und Knoblauch eine glückliche Verbindung ein. Die kleinen Knollen werden mit der Schale in würzigem Knoblauchöl gegart.

500 g kleine neue Kartoffeln
4 feingehackte Knoblauchzehen
6 cl Olivenöl
1 Bund Petersilie, feingehackt
2 TL grobes Salz
Pfeffer aus der Mühle

Kartoffeln abbürsten, waschen und trocknen; Öl mit Knoblauch, Petersilie, Salz und Pfeffer verrühren. Die Kartoffeln in eine Auflauf- oder Gratin-Form geben, mit der Ölmischung begießen, die Kartoffeln wenden, um sie erneut mit Öl zu bedecken, dann weitere 25 Minuten garen. Die Kartoffeln der Länge nach einschneiden und von den Enden her ein wenig drücken, so daß sie aufgehen. Mit frischer Butter servieren. Ergibt 6 Portionen.

LEICHTER AUBERGINENAUFLAUF

Auberginen einmal ganz anders, ohne Käse und ohne vorheriges Braten. Ein ideales Schlankheitsrezept.

2 große Auberginen
2 mittelgroße Zwiebeln, feingewürfelt
2 Stangen Bleichsellerie, fein gewürfelt
3 feingehackte Knoblauchzehen
500 g Hackfleisch
1 EL Öl
1 400 g - Dose geschälte Tomaten
1 70 g - Dose Tomatenmark
1 1/2 TL Pimentpulver
Salz

Auberginen in 1 cm dicke Scheiben schneiden, beidseitig salzen und zum Abtropfen in einen Durchschlag legen. Zwiebel, Sellerie, Knoblauch und Hackfleisch unter ständigem Rühren in einer großen Pfanne im Öl bräunen. Öl abgießen, die Fleischmasse erkalten lassen. Tomaten durchpassieren, mit dem Tomatenmark und Pimentpulver vermischen. Aufkochen, dann bei schwacher Hitze 45 Minuten köcheln lassen. Abkühlen. Den Boden einer 25 x 15 cm großen Gratinform mit einer Schicht Tomatensauce bedecken, darauf eine Schicht Auberginen, eine Schicht Fleisch, usw. Es müßte für drei Lagen reichen. Fleisch und Sauce bilden die oberste Schicht. Mit Folie abdecken und bei 180°C eine halbe Stunde im Ofen backen, dann eine weitere halbe Stunde bei 150°C; dann Folie abnehmen und 15 Minuten bei starker Hitze bräunen. Dazu reicht man gedämpften Reis.

CAESAR-SALAT AUF KALIFORNISCHE ART

Um diesen Salat zuzubereiten, müssen Sie einige Tage vorher Knoblauchöl ansetzen. 7 zerdrückte Zehen frischer Knoblauch in einem Gefäß mit einem halben Liter Öl einige Tage im Kühlschrank stehen lassen.

500 g Weißbrot in 1 cm großen Würfeln
1 TL Knoblauchpulver
1 TL Zwiebelpulver
Salz
3 dl Knoblauchöl
1 Knoblauchzehe
3 Köpfe römischer Salat, gewaschen und abgetropft, die Blätter in mundgerechte Stücke zerrupft
Saft von 2 Zitronen
100 g geriebener Parmesankäse
2 TL Worcestershire-Sauce
1 TL Pfeffer
5 Eier (nicht aus dem Kühlschrank), 1 1/2 Minuten gekocht

Die Brotwürfel in einen großen Brater geben, mit Knoblauch- und Zwiebelpulver und einer Prise Salz bestreuen, dann möglichst gleichmäßig mit dem Knoblauchöl beträufeln. Bei 110°C eine Stunde im Ofen backen, die Brotwürfel dabei alle Viertelstunde umwenden. Eine sehr große Schüssel mit der halbierten Knoblauchzehe ausreiben, dann den Salat mit dem restlichen Knoblauchöl in der Schüssel vermengen, so daß alle Blätter gleichmäßig bedeckt sind. Zitronensaft zufügen und den Vorgang wiederholen. Mit einem Meßbecher 1/2 l von den Brotwürfeln abmessen (den Rest können Sie einfrieren), zusammen mit Käse, Worcester-Sauce, Pfeffer und etwas Salz unter den Salat heben. Die warmen weichen Eier über den Salat geben.

QUEENS BEANS

"Queen" Murphy heißt die Einsenderin dieses Rezepts. Mit Schinken, Speck oder Hackfleisch wird daraus auch eine komplette und sättigende Mahlzeit.

175 g kleine weiße Bohnen
1,5 l kaltes Wasser
1 TL Salz
1 TL Paprikapulver
2 große Zwiebeln, geviertelt
10 große frische Knoblauchzehen, geschält und halbiert
1 Bund Petersilie, gehackt
4 EL Olivenöl
1 dl Tomatensauce (z.B. aus der Tüte bereitet)

Bohnen eine Stunde im Wasser kochen, dann Salz, Paprikapulver und Zwiebeln zufügen, zudecken und eine weitere Stunde sanft ziehen lassen. Mit Zitronenstücken servieren.

GRÜNE-BOHNEN-SALAT MIT KNOBLAUCHDRESSING

Diese leckere Zubereitung eignet sich als Gemüsebeilage und auch als Bestandteil eines großen gemischten Salats.

1 kg grüne Bohnen
4 große Knoblauchzehen
1 1/2 TL Salz
1 dl Öl
1 dl Apfelessig
1 feingehackte Lauchzwiebel (einen Teil vom Grün mitverwenden)
1 feingehackte eingelegte Pfefferschote (je nach Geschmack und Schärfe des Produkts).

Bohnen putzen, in 5 cm lange Stükke schneiden und in kochendem Salzwasser oder im Dampfkochtopf knackig garen. Knoblauchzehen schälen und mit dem Salz zusammen zerdrücken. Essig, Öl, Zwiebel und Pfefferschote zufügen, über die heißen Bohnen geben. Abkühlen lassen, dann kalt stellen. Ergibt 6 bis 8 Portionen.

GRÜNE-GÖTTIN-DRESSING

Das Rezept wurde ursprünglich vom Küchenchef des Palace-Hotels in San Francisco für einen Kinostar der Stummfilmzeit kreiert. Ohne den Knoblauch aus Gilroy wäre es nur die Hälfte wert. Probieren Sie doch einmal Shrimps in ausgehöhlten Papayahälften mit dem Göttin-Dressing darüber zum Lunch oder als leichtes Abendessen. Eine Wucht!

50 g pürierte Sardellenfilets oder Sardellenpaste
500 g Mayonnaise, am besten selbstgerührt
1/2 dl Weißweinessig
1 EL gehackter Schnittlauch
1 EL gehackte Lauchzwiebel
1 EL gehackte Petersilie
1 EL gehackte Estragonblätter
1 durchgepreßte Knoblauchzehe

Alle Zutaten gründlich miteinander verrühren. Mindestens eine halbe Stunde stehenlassen, damit sich der Kräutergeschmack entwickeln kann. Probieren Sie Salate mit Huhn, Shrimps oder Crabmeat mit diesem Dressing.

PIKANTE ITALIENISCHE SALATSAUCE

Eine original-italienische Vinaigrette herzustellen ist wirklich nicht schwer. Sie taugt nicht nur für Salate, sondern auch als Marinade für Steaks und Koteletts, die gegrillt werden sollen.

1/4 l Olivenöl
1/8 l Rotweinessig
1EL feingehackte Zwiebel
1 durchgepreßte Knoblauchzehe
1 TL Salz
1 EL gehackter Schnittlauch
1 EL gehackte Petersilie
1 Prise Zucker
1 Messerspitze Senfpulver oder
1 TL Senf
1 Prise getrockneter Oregano
Pfeffer aus der Mühle

Alle Zutaten in einem großen Glas mit dichtschließendem Deckel durchschütteln, mindestens eine Stunde stehenlassen, vor Gebrauch nochmals durchschütteln.

SÜSS-SAURES ITALIENISCHES DRESSING

Die Italiener sind immer wieder für eine Überraschung gut. Dieses Dressing ist ganz anders, ganz ungewohnt. Probieren Sie es einmal zu knackigem Eisbergsalat.

1/4 l Sonnenblumenöl
1 dl Rotweinessig
4 EL Zucker
1 TL Salz
1 TL grobgemahlener Pfeffer
1 TL Senfpulver
1 TL Worchestershire-Sauce
1/2 TL rote Pfeffersauce (Tabasco)
3 feingehackte Knoblauchzehen

Alle Zutaten in einem Glas durchschütteln oder aber im Mixer emulgieren. Kühl stellen und vor Gebrauch schütteln.

FRANZÖSISCHES KNOBLAUCHDRESSING

Ein gutes Grunddressing mit einem dezenten, doch angenehmen Knoblauchgeschmack. Als Variationen können Sie 100 g zerbröckelten Roquefortkäse, ein feingehacktes hartgekochtes Ei oder drei Eßlöffel feingehackte Zwiebel unterrühren.

1/2 l Olivenöl
200 g Mayonnaise
2 dl Weinessig oder Apfelessig
8 Zehen frischer Knoblauch, durchgepreßt oder feingehackt
2 TL Salz
1 1/2 TL Zucker
1 1/2 TL Paprika
1 1/2 TL Senfpulver oder 3 TL Senf
1 1/2 TL Worchestershire-Sauce
1 TL Pfeffer aus der Mühle
1 Prise Selleriesalz

Alle Zutaten innig verrühren, am besten im Mixer. Vor Gebrauch im geschlossenen Gefäß mindestens 24 Stunden stehenlassen.

KARENS BIRNEN MIT ROQUEFORTDRESSING

Der Hausherr baut Birnen und Knoblauch an. Wie könnte man ihn da leichter zufriedenstellen als mit Birnen mit dieser Käse-Knoblauch-Sauce drauf?

100 g Mayonnaise
1 EL Sahne
1 EL Zitronensaft
50 g zerbröckelter Roquefortkäse
2 durchgepreßte Knoblauchzehen
8 reife Birnen
Zitronensaft zum Beträufeln
8 Salatblätter

Mayonnaise, Sahne, Zitronensaft und Knoblauch mit dem Käse zur sämigen Sauce rühren oder mixen, mindestens 2 Stunden kaltstellen. Birnen schälen, halbieren, die Kerngehäuse entfernen. Reichlich mit Zitronensaft beträufeln, damit sie nicht braun werden. Auf Salatblättern anrichten, mit der Sauce nappieren.

PIKANTE KRABBEN FÜR DIE GROSSE PARTY

Die Krustentiere nehmen ein pikantes Bad in einer Marinade aus Essig und Öl. Abgetropft und mit Tomaten- und Gurkenstücken angerichtet geben sie ein ansprechendes Vorgericht ab.

4-5 kg ungepulte Krabben
5-6 große feingehackte Zwiebeln
1 l Olivenöl
3/4 l Apfelessig
500 g Kapern mit ihrem Saft
1/2 dl Zitronensaft
2 EL Zucker
2 EL Worcestershire-Sauce
2 TL Salz
3 durchgepreßte frische Knoblauchzehen
einige Spritzer Pfeffersauce (Tabasco)

Die Krabben auspulen, was an sich schon ein hübsches Gesellschaftsspiel ist. In einem großen säurefesten Gefäß (Keramik, Glas, rostfreier Stahl oder Email) abwechselnd Lagen von Krabben und Zwiebel schichten. Die übrigen Zutaten zu einer Marinade mixen und über die Krabben geben. Über Nacht kalt stellen. Abtropfen und portionsweise auf Salatblättern anrichten, mit Tomate und Gurke garnieren. Ergibt ungefähr 30 Portionen.

ROSIES BROKKOLI-SALAT

Die deftige Knoblauchmarinade gibt gedämpftem Brokkoli den gewissen Pfiff.

1 kg Brokkoli
1/2 dl Olivenöl
3-4 frischgepreßte Knoblauchzehen
1/2 TL Salz
1 Prise getrockneter Oregano
1/2 dl Weinessig

Brokkoli von den dicken holzigen Strünken befreien, die Röschen, zarten Stiele und Blätter in gleichmäßige Stücke teilen, in Salzwasser knackig blanchieren oder im Dampfkochtopf garen. Abkühlen und mit Öl, Knoblauch, Salz und Oregano anmachen. Anschließend mit dem Essig anmachen. Vor dem Servieren mindestens eine Stunde im Kühlschrank ziehen lassen. Diesen Brokkoli-Salat können Sie gut am Tag zuvor zubereiten und gekühlt oder bei Zimmertemperatur servieren.

SALATSAUCE FÜR DIE GANZ GROSSE PARTY

An dieses Rezept müssen Sie sich halten, wenn Sie mal vier Dutzend Freunde zum Salat einladen. Diese zart nach Knoblauch duftende Sauce erhöht jegliche Art von Gemüse. Die Zutaten ergeben etwa eine Gallone. Wenn Sie sich an die angegebenen Trockeningredienzien halten, ist das Dressing auch im Handumdrehen fertig. Noch besser schmeckt es freilich mit frischem Knoblauch und frischen Kräutern.

1 1/3 TL Currypulver
1 1/3 TL Senfpulver oder 3 TL scharfer Senf
2 TL Cayennepfeffer
1 EL getrocknete Petersilie
1 EL getrockneter Schnittlauch
1 TL getrockneter Knoblauch (Granulat)
3 EL Salz
1 EL Pfeffer, weißer
1 feingehackte Zitronenschale
1/4 l Weißweinessig
1 1/4 l Apfelessig
2 1/2 l Salatöl
1 dl Olivenöl

Getrockneter Knoblauch, Petersilie und Schnittlauch mit 1/2 dl Wasser anfeuchten; die übrigen Gewürze damit vermischen, dann mit dem Handrührgerät erst das Öl, dann den Essig einarbeiten. Einige Stunden kaltstellen, vor Gebrauch aufschütteln.

GEORGETTES FRENCH DRESSING

Diese nährwert- und salzarme Sauce eignet sich großartig zu jeder Art von gemischtem grünem Salat. Sie ist nach der Hauswirtschaftslehrerin Georgette Smith benannt, die an der Mittelschule in Gilroy lehrte.

1/4 l salzarmer Tomatensaft
1/4 l Rotweinessig
1/4 l Sonnenblumen- oder Distelöl
3 EL Honig
3-4 gehackte frische Knoblauchzehen
1/2 TL Paprikapulver
1/2 TL grobgemahlener Pfeffer
1/2 TL scharfer Senf
1 Messerspitze Currypulver

Alle Zutaten mit einem Handrührgerät aufschlagen oder in einem Glas mit festschließendem Deckel schütteln. Wenn Sie den Salat noch mit geriebenem Parmesankäse garnieren und Sauerteigbrot dazureichen, schmeckt er besonders apart.

SUPPEN

Ein uraltes Sprichwort aus Telugu in Indien behauptet, Knoblauch sei so viel wert wie zehn Mütter. Auf der gleichen Linie liegt eine osteuropäische Weisheit des 17. Jahrhunderts. Sie lautet "Eine Knoblauchzehe ersetzt uns den Arzt" und besagt ganz einfach, daß das Zwiebelgewächs ein probates Remedium gegen verschiedene Krankheiten ist. Das gilt auch heute noch, und so kommt es, daß besorgte Mütter rund um die Welt etwa eine Knoblauchsuppe gegen Schnupfen verschreiben.

Die medizinischen Kräfte des Knoblauchs sind noch nicht hinreichend erforscht; unzweifelhaft aber ist, daß der Geschmack nahezu jeder Suppe durch eine mehr oder weniger starke Zugabe von Knoblauch verbessert wird. Angefangen bei der Avocadosuppe finden Sie in diesem Kapitel herrliche Rezepte für Gumbo und Gazpacho, für Gurken- und Kartoffelsuppe. Und natürlich auch zwei erstklassige Rezepte für die klassische Knoblauchsuppe.

DON CHRISTOPHERS KNOBLAUCHSUPPE

Der Knoblauchfarmer Don Christopher, einer der Organisatoren des Festivals, entwickelte dieses Rezept nach einem Besuch in Mexiko. Er berichtet von einer Reihe von zwölf Versuchen, die zu diesem Rezept führten. Jetzt gehört sie zu seinen Lieblingssuppen. Aufgewärmt schmeckt sie übrigens fast noch besser.

2 l Fleischbrühe, selbst zubereitet oder aus Würfeln
14 große Knoblauchzehen
2 EL Butter
2 EL feingehackte glatte Petersilie
1 EL Mehl
1 Messerspitze Pfeffer aus der Mühle
4 aufgeschlagene rohe Eigelbe
6 dünne Scheiben mittelalter Holländer- oder Chesterkäse
6 Scheiben französisches Weißbrot, getoastet

Knoblauch schälen und fein hacken oder durchpressen, dann in einem Topf in der Butter zusammen mit der Petersilie andünsten. Mehl zugeben und unter ständigem Rühren leicht bräunen, dann mit der Fleischbrühe ablöschen, mit Pfeffer würzen und eine halbe bis eine Stunde sanft köcheln lassen. Vor dem Servieren mit dem Schneebesen die Eigelbe in die vom Feuer genommene Suppe schlagen. Die Brotscheiben mit dem Käse belegen und in sechs reichlich bemessene Portionsschüsseln verteilen, die Suppe darüberschöpfen. Dann die Schüsseln kurz in den Backofen oder unter den Grill stellen, bis der Käse geschmolzen ist. Das geht auch in einem Mikrowellenherd sehr gut.

CALDITO DE AJOS

Diese leichte, erfrischende Suppe ist an einem kühlen Abend, in Henkeltassen serviert, besonders willkommen. Die Verbindung von Limone und Koriander mit dem Knoblauch macht den Geschmack besonders interessant.

4 EL geschälter und gehackter frischer Knoblauch
1/2 dl Öl
Saft von 1 Limone
1 1/2 l Hühnerbrühe
Salz und Pfeffer zum Abschmecken
2 Eier

Abgeriebene Schale von einer Limone (ungespritzten)
1 Bund frisches Korianderkraut, feingehackt (auch Cilantro oder mexikanische Petersilie genannt).

Knoblauch im Öl andünsten, mit der Hühnerbrühe ablöschen, Limonensaft zugeben, aufkochen und 15 bis 20 Minuten sanft ziehen lassen, so daß sich die Aromastoffe des Knoblauchs verteilen können. Wenn nötig mit Salz und Pfeffer abschmecken.
Eier schaumig schlagen, mit Limonenschale, Salz und Pfeffer abschmecken, in die heiße, aber nicht mehr kochende Suppe einschlagen, bis eine leichte Bindung entstanden ist. Mit Koriander bestreuen und mit Limonenschnitzen garniert servieren.

ITALIENISCHE WURSTSUPPE

Dieser Suppentopf ist eine Hauptmahlzeit. Reichen Sie einen grünen Salat dazu, knuspriges Weißbrot, und natürlich... einen kräftigen Rotwein.

500 g italienische Schweinsbratwürstchen (ersatzweise rohe Schweinswürstchen Thüringer Art), in 1 cm dicke Scheiben geschnitten
4 feingehackte frische Knoblauchzehen
2 große gehackte Zwiebeln
1 400 g - Dose italienische geschälte Tomaten
1 1/2 l Rinderbouillon
1 EL gehacktes Basilikum
3 dl Rotwein
1 EL gehackter Thymian
3 EL gehackte Petersilie
1 mittelgroße grüne Paprikaschote, feingehackt
2 mittelgroße Zucchini, in Scheiben geschnitten
250 g ungekochte Farfalle-Nudeln (Schmetterlingsform)
geriebener Parmesankäse

In einem 5-Liter-Topf die Bratwurst anbräunen, Fett abgießen, Zwiebeln und Knoblauch zugeben und anschwitzen. Tomaten zufügen und zerdrücken. Fleischbrühe, Rotwein und Kräuter zufügen, eine halbe Stunde köcheln lassen, gelegentlich umrühren. Gemüse zugeben, nach weiteren 15 Minuten die Nudeln. Wenn die nach etwa einer Viertelstunde gar sind, ist der Suppentopf fertig. Nach Wunsch mit Parmesankäse bestreuen. Ergibt acht bis zehn Portionen.

BULGARISCHE JOGHURT-GURKENSUPPE

Die Bulgaren sind in aller Welt für ihre Langlebigkeit und Rüstigkeit im hohen Alter bekannt, Eigenschaften, die oft dem reichlichen Genuß von Joghurt und Knoblauch zugeschrieben werden. Diese Suppe, eine delikate Adaption eines klassischen bulgarischen Gerichts, vereinigt beide Zutaten in einem Gericht.

1 große Gurke
100 g feingehackte Walnüsse
4 frische Knoblauchzehen, feingehackt
3 EL feingehackte Petersilie
2 EL Olivenöl
1 EL gehackter Dill
1/2 TL Salz
500 g Joghurt
1/2 l Eiswasser

Gurke schälen und grob raspeln oder fein hacken, dann mit den übrigen Zutaten außer Joghurt und Wasser vermischen, zugedeckt im Kühlschrank einige Stunden ziehen lassen. Vor dem Servieren mit Joghurt und Wasser gründlich verrühren.

ALTE SUPPE MIT ROTER BEETE UND GURKE

Auch Leute, die sonst partout keine Buttermilch mögen, werden von dieser Suppe begeistert sein.

500 g gekochte Rote Beete, geschält und in Stifte geschnitten
250 g Magerjoghurt
1 l Buttermilch
4 große Knoblauchzehen
2 ungeschälte Gurken
4 Lauchzwiebeln mit ihrem Grün
1 Bund Petersilie, gehackt
1 Würfel Hühnerbouillon für 1/2 l, in 1 dl kochendem Wasser aufgelöst
Pfeffer zum Abschmecken

Knoblauch durchpressen, mit Buttermilch und Joghurt gründlich verrühren, über die Rote Beete geben. Gurken und Zwiebeln grob hacken, zusammen mit der Petersilie zugeben, die konzentrierte Hühnerbrühe unterrühren. Mit Pfeffer abschmekken, gut durchrühren, über Nacht zugedeckt im Kühlschrank ziehen lassen. Kalt servieren.

PIKANTER KALIFORNISCHER GUMBO

Wenn Sie sich nicht in der kreolischen Küche auskennen, wissen Sie wohl nicht, daß "Schnüre ziehen" sich auf die Eigenschaften der Eibischschoten bezieht, beim Kochen anfangs zähe Fäden abzusonderen. Wenn Sie es kriegen können, be streuen Sie das Gericht vor dem Servieren mit File-Pulver. Das wird aus den getrockneten jungen Blättern des tropischen amerikanischen Sassafras-Baumes, eines Lorbeergewächses, hergestellt.

60 g Butter
250 g frische Eibischschoten (Okra, in Gastarbeiterläden erhältlich)
1 große Zwiebel, gehackt
2 Stangen Bleichsellerie, in feine Scheiben geschnitten
1 kleine grüne Paprikaschote, gehackt
2-3 EL Mehl
1 Dose Austern, gewürfelt
1/2 l Rinder- oder Hühnerbrühe oder halb und halb
2 große Tomaten, abgezogen und grob gehackt
2 Lorbeerblätter
1 Bund Petersilie, gehackt
1 Stengel Thymian
Salz, Pfeffer, rote Pfeffersauce (Tabasco)
250 g gewürfelter gekochter Schinken
375 g Tiefseekrabben, geputzt, gewogen (Tiefkühlware)

Eibisch, Zwiebel, Sellerie, Paprika und Knoblauch in der Butter dünsten, bis der Eibisch keine Schnüre mehr zieht. Mit Mehl bestäuben, umrühren, mit der Hühnerbrühe und der Austernflüssigkeit ablöschen. Aufkochen, dann Tomaten und Kräuter zufügen, mit Salz, Pfeffer und Tabasco abschmecken. 1 Stunde sanft kochen lassen, wenn nötig Flüssigkeit durch Wasser ergänzen. Schinken zufügen, weitere 20 Minuten köcheln. Krabben zugeben und weitere 15 Minuten garen. Mit körnig gekochtem Reis servieren.

AVOCADO BISQUE

Jeder, der schon mal in Mexico war, mag die Geschmackskombination von Avocado und Knoblauch in der berühmten Guacamole-Sauce. In dieser cremigen Suppe ist sie genauso ansprechend. Man kann sie heiß oder kalt servieren; in letzterem Fall reicht man Zitronenschnitze dazu.

300 g tiefgekühlter Spinat, aufgetaut und abgetropft
Fleisch von 2 mittelgroßen reifen Avocado-Früchten
4-5 frische geschälte Knoblauchzehen
1 dl Schlagsahne
1 dl Milch
1/4 l Hühnerbrühe
1 EL Butter
1 TL Salz, Pfeffer

Spinat, Avocadofleisch, Knoblauchzehen mit der Hühnerbrühe im Mixer pürieren, in einen Topf geben, Sahne und Milch unterrühren, bis kurz vor den Siedepunkt erhitzen, vom Feuer nehmen, die Butter unterrühren, mit Salz und Pfeffer abschmecken und sogleich servieren oder aber abkühlen lassen und einige Stunden im Kühlschrank kaltstellen. Ergibt ca. 4 Portionen.

GREAT GAZPACHO

Die berühmte spanische Suppe hat auch in der neuen Welt ihre begeisterten Anhänger. Sie paßt gleichermaßen zu einem sonntäglichen Brunch wie als erster Gang eines Dinners an einem warmen Sommerabend.

2 mittelgroße Gurken, geschält und grob gewürfelt
5 große Tomaten, abgezogen und in Achtel geteilt
1 große Zwiebel, geschält und grob gewürfelt
1 grüne Paprikaschote, entkernt und grob geschnitten
4 große geschälte Knoblauchzehen
200 g zerbröseltes frisches Weißbrot ohne Rinde
1 l Wasser
4 EL Rotweinessig
2 TL Salz
4 EL Olivenöl
1 kleine Dose Tomatenmark

In einer großen Schüssel Gurken, Tomaten, Zwiebel, Paprika und Knoblauch vermengen, das Brot einarbeiten. Wasser, Essig und Salz beigeben, verrühren. Dann die Mischung in kleineren Portionen im Mixer fein pürieren. Wenn alles püriert ist, mit dem Schneebesen Olivenöl und Tomatenmark unterschlagen. Gut zugedeckt mindestens zwei Stunden im Kühlschrank ruhen lassen. Vor dem Servieren aufrühren. Als Beilage reicht man in kleinen Schüsseln in Butter geröstete kleine Weißbrotwürfel, feingehackte Zwiebel, feingehackte Gurke und Paprikaschote. Jeder Gast bedient sich selbst nach Geschmack.

GAZPACHO FÜR DIE GROSSE GARTENPARTY

Eine Riesenschüssel Gazpacho auf einem Bett aus Eiswürfeln ist ein anziehender Mittelpunkt für jedes Gartenfest. Die Gäste bedienen sich selbst. Die Gastgeber haben derweil Zeit, die übrigen Leckerbissen zuzubereiten. Die Menge reicht für 50 Personen.

8 kg Tomaten, abgezogen und grob gehackt
4 Salatgurken, gewürfelt
3 grüne Paprikaschoten, feingehackt
2 große gehackte Zwiebeln
1 Knolle Knoblauch, die Zehen geschält und feingehackt oder durchgepreßt
500 g Weißbrot ohne Rinde, zerkrümelt
3 l Wasser
2 TL Cayennepfeffer
3/4 l Olivenöl
3/4 l Rotweinessig
250 g grüne mit Paprika gefüllte Oliven, gehackt
2 Bund Petersilie, gehackt
4 Stangen Bleichsellerie, fein gehackt

Tomaten, Gurken, Paprikaschoten, Zwiebel, Knoblauch, Brotkrumen und Wasser in einem großen Topf verrühren und aufkochen, zugedeckt 1 Stunde sanft köcheln lassen. Durchpassieren, Essig, Öl und Salz unterrühren, mit Pfeffer abschmekken. Abkühlen lassen und mehrere Stunden kalt stellen. Vor dem Servieren mit Oliven, Petersilie und Sellerie servieren.

BLOODY MARY PARTYSUPPE

Ein Cocktail aus der Suppenschüssel? Warum nicht! Diese kalte Tomatensuppe wird beim Servieren mit Wodka abgeschmeckt. Die Flasche frieren Sie dazu in einen Eisblock ein und bringen sie so, in ein Tuch gewickelt, auf den Tisch. Eine Schau, die Gästen Eindruck macht!

250 g Zwiebeln, fein gehackt
200 g Bleichsellerie, fein gehackt
1 Salatgurke, geschält, entkernt und fein gehackt
8 Zehen Knoblauch, geschält und fein gehackt
50 g Butter
5 l Tomatensaft
3 dl Zitronensaft
3 EL Zucker
1 TL Tabasco (rote Pfeffersauce)
1 TL Worcestershire-Sauce
1 Flasche Wodka
1 Bund Lauchzwiebeln, mit ihrem Grün feingehackt

Zwiebel, Sellerie, Gurke und Knoblauch in der Butter bei sanfter Hitze weichdünsten. Tomatensaft, Zitronensaft, Zucker, Tabasco und Worcestersauce zufügen; aufkochen und 7 bis 8 Minuten ziehen lassen. Abkühlen lassen und kaltstellen. Die Wodkaflasche in ein geeignetes größeres Gefäß mit Wasser stellen und in der Tiefkühltruhe einfrieren. Es geht auch im flachen Tiefkühlfach. Dazu legt man die Flasche in eine passende flache Schale (z.B. Eiswürfelschale ohne Fächer) und bildet so den Eisblock um die Flasche in mehreren Etappen durch Wenden und Auffüllen neuen Wassers. Jede Portion der eisgekühlten Suppe bekommt ein Schnapsglas Wodka und wird nach Wunsch mit Lauchzwiebeln bestreut. Ergibt 24 Portionen.

MAMAS KARTOFFELSUPPE

Hinter dem biederen Namen verbirgt sich eine pikante mexikanische Spezialität, die der eigenen Familie ebensogut schmeckt wie den Gästen.

2 EL Olivenöl
4 Knoblauchzehen, fein gehackt
3 große Tomaten, abgezogen und grob gehackt
1-2 eingelegte grüne Pfefferschoten, fein gehackt
1 EL Saucenbinder hell
2 l heiße Hühnerbouillon
500 g rohe Kartoffeln, geschält und fein gewürfelt
Salz, Pfeffer
2 mittelgroße Möhren, geschält und in dünne Scheiben geschnitten
2 mittelgroße Zucchini in dünnen Scheiben
300 g mittelalter Holländerkäse, fein gewürfelt

Öl in einem großen Topf erhitzen, Knoblauch, Zwiebel, Tomaten und 1/2 Pfefferschote zugeben, alles etwas andünsten. Mit der Hühnerbrühe aufgießen, Kartoffeln zugeben und zugedeckt ca. 20 Minuten sanft kochen lassen, dann Möhren und Zucchini zufügen, weiter köcheln lassen, bis die Gemüse eben gar sind. Mit Salz und Pfeffer abschmecken und, falls gewünscht, noch mehr von der gehackten Pfefferschote beimengen, je nach persönlichem Geschmack und der Schärfe des Produkts. Vorsichtig dosieren, denn es dauert eine Weile, bis sich der scharfe Wirkstoff im Suppentopf verteilt hat. Falls nötig mit etwas Saucenbinder andicken. Vor dem Anrichten die Käsewürfel zugeben und anschmelzen lassen. Ergibt 4 bis 6 Portionen.

BROT & PASTA

Es ist uns überliefert, daß die Pyramiden in Ägypten ohne Knoblauch und Zwiebeln nicht gebaut worden wären. Die vitaminreichen Gewächse gehörten nämlich zur täglichen Nahrung der schwer arbeitenden Sklaven und ermöglichten ihnen das Überleben.
Heute macht der Knoblauch, der Brot und Teigwaren würzt, rund um die Welt vielen Menschen das Leben angenehmer und gesünder. Jeder Knoblauch-Fan hat sein eigenes besonderes Rezept, Knoblauchbrot zu bereiten. Einige sind in diesem Kapitel aufgeführt, ebenso einige Tips von Experten. Eine Besonderheit ist sicherlich das Rezept für Knoblauch-Croissants, das die Endausscheidung im Rezeptwettbewerb erreichte.
Für Nudelfreunde gibt es Zubereitungen mit *linguine, spaghetti, fettucine, tagliarini, capellini* und *vermicelli*... und allesamt sind sie einfach *delizioso!*

MARY'S KNOBLAUCHBROT

Die Schöpferin dieses Rezepts, eine Geschäftsinhaberin in Gilroy, verleiht ihrer Knoblauch- und Buttermischung mit Kräutern und Parmesankäse das besondere Aroma.

125 g weiche Butter
50 g geriebener Parmesankäse
50 g Mayonnaise
3 frische Knoblauchzehen, feingehackt oder durchgepreßt
2 EL gehackte Petersilie
1/2 TL getrockneter Oregano
1 großes Baguette, der Länge nach aufgeschnitten

Die Zutaten für den Aufstrich gründlich miteinander verrühren, die Schnittfläche des Brotes damit bestreichen. Die Brothälften in Alufolie wickeln und im 190°C heißen Ofen 20 Minuten backen, dann auswickeln und noch einige Minuten unter dem eingeschalteten Grill bräunen.

KNOBLAUCHBROT

Duftendes Knoblauchbrot ist ein Leckerbissen zu jedem Essen. Die Zubereitung erfolgt mit Butter, Margarine oder Öl und natürlich Knoblauch. Der wiederum kann gehackt oder gepreßt sein, oder auch fertig püriert aus der Tube oder getrocknet vom Gewürzbord kommen. Das Brot kann gebacken, getoastet oder gegrillt werden. Knoblauchbrot gibt es für jeden Geschmack. Rezepte für Knoblauchbutter finden Sie im Kapitel "Dies und das mit Knoblauch", da man Knoblauchbutter ja auch für Gemüse und andere Gerichte verwenden kann.

Tips für schnelles Knoblauchbrot:
Machen Sie es wie die Franzosen, die ihren Knoblauch lieben: Reiben Sie mit der frischen Schnittfläche einer halbierten Knoblauchzehe über die Oberfläche einer Scheibe getoasteten Brots. Das knusprige Brot wirkt wie eine Reibe, es bleibt eine feine, duftende Knoblauchschicht zurück, auf die Sie nur noch Butter zu streichen brauchen.
Sie können auch Brot dünn mit Knoblauchpaste aus der Tube bestreichen, Semmelbrösel darüberstreuen, Olivenöl darauf träufeln und das Ganze im Ofen oder unterm Grill bräunen.
Dünsten Sie ungeschälte Knoblauchzehen in wenig Öl bei schwacher Hitze weich. Das Fruchtfleisch läßt sich dann sehr leicht herausdrücken und wie Butter aufs Brot streichen.

LEOS SPEZIAL-KNOBLAUCHBROT

Feinschmecker-Strassen-Koch Leo Goforth steuerte diese Version von Knoblauchbrot bei. Einfach köstlich!

1 großes Baguette
4 große Knoblauchzehen, geschält und der Länge nach halbiert
125 g geschmolzene Butter oder Margarine
2 EL gehackte Petersilie

Brot der Länge nach halbieren, unterm Grill ganz leicht bräunen. Sofort anschließend mit den Knoblauchzehen über die geröstete Schnittfläche reiben, mit der flüssigen Butter einpinseln und der Petersilie bestreuen. Kann im Ofen warmgehalten werden. In Stücke schneiden und im Brotkorb servieren.

KNOBLAUCHBROT KLASSISCH

Nach dieser bewährten Methode kann eigentlich nichts schiefgehen. Passen Sie nur auf, daß nichts anbrennt!

150 g gesalzene Butter
3 große Knoblauchzehen, feingehackt oder durchgepreßt
1 großes Baguette

Knoblauch in einem Pfännchen mit der Butter erhitzen, nicht bräunen! Brot der Länge nach aufschneiden, aufs Backblech legen, mit der flüssigen Knoblauchbutter einpinseln und einige Minuten unter dem heissen Grill bräunen.

KNOBLAUCHBROT VOM HOLZKOHLENGRILL

Auch beim sommerlichen Grillfest sollte Knoblauchbrot nicht fehlen. Heiß serviert, gibt es jedem Gartenpicknick eine besondere Note.

1 großes Baguette
3 Zehen durchgepreßter Knoblauch oder 1 TL Knoblauchpulver
125 g weiche Butter oder Margarine
Prise Salz

Butter und Salz mit dem Knoblauch verrühren; Brot durch schräge Schnitte in Stücke teilen, aber nicht ganz durchschneiden. Knoblauchbutter in die Schnitte und oben auf das Brot streichen; Brot in Alufolie wickeln und 3/4 bis 1 Stunde am Rande des Grills backen, je nach Konstruktion des Gerätes und Hitze der Kohlen. Ergibt 6 bis 8 Portionen.

SCHNELLES KNOBLAUCHBROT MIT KÄSE

Wenn es ganz schnell gehen muß, ist dieses Knoblauchbrot-Rezept für Sie richtig.

1 großes Baguette
3/4 TL Knoblauchpulver
Prise Salz
125 g Butter oder Margarine
125 g pikanter geriebener Käse, z.B. Cheddar

Butter mit Knoblauchpulver und Salz schmelzen; Brot schräg in 2-3 cm dicke Scheiben schneiden, auf beiden Seiten mit der flüssigen Knoblauchbutter bepinseln, aufs Backblech legen, mit dem Käse bestreuen und im 210°C heißen Backofen backen, bis der Käse geschmolzen ist. Ergibt 6 Portionen.

DILL-KNOBLAUCHBRÖTCHEN

Buttrige Kräuterbrötchen wie diese können sie ganz leicht bereiten, wenn Sie als Ausgangsprodukt halbgebackene Backwaren verwenden, die man zuhause vollenden kann.

6 weiche Brötchen zum Fertigbacken
1 EL gehackter Dill
2 durchgepreßte Knoblauchzehen
Prise Salz
60 g weiche Butter

Butter mit Dill, Knoblauch und Salz verrühren; Brötchen aufschneiden und mit der Kräuterbutter füllen; in Alufolie wickeln und 10 Minuten auf dem Holzkohlengrill bakken, dabei einmal umwenden, oder ohne Folie im Ofen backen.

SCHNELLES KNOBLAUCH-KÄSE-KASTENBROT

Wenn Ihnen Backen sonst zu mühsam ist, sollten Sie mal dieses pikante Kastenbrot probieren, das den besonderen Pfiff durch Knoblauch und Oregano bekommt.

1 Tüte Trockenhefe
4 EL warmes Wasser
250 g Quark
4 frische Knoblauchzehen, durchgepreßt
1 Ei
1 EL Öl
1 EL Oregano (getrocknet)
1 TL Salz
1 Messerspitze Backpulver
350 g Mehl

Hefe im warmen Wasser auflösen. In einer Rührschüssel alle Zutaten außer dem Mehl zu einer cremigen Masse verarbeiten, zum Schluß das Mehl einarbeiten. Den Teig in eine gefettete Kastenform geben und zugedeckt gehen lassen, bis sich die Menge verdoppelt hat, dann 40 Minuten bei 175°C backen. Abkühlen lassen, dann aus der Form stürzen.

CROISSANTS D'AIL

Hauswirtschaftslehrerin Barbara Spellmann gelangte mit dieser Kreation in die Endausscheidung des Knoblauch-Kochwettbewerbs. Diese herrlichen Hörnchen bekommen ihren einmaligen Geschmack von der cremigen Knoblauchbutter, die in den Teig eingearbeitet wird.

Knoblauchbutter:
3 bis 8 Zehen frischer Knoblauch, je nach Größe und persönlichem Geschmack
4 EL Butter
Prise Salz

Die ungeschälten Knoblauchzehen ganz kurz (5-10 Sekunden) in kochendem Wasser blanchieren, herausnehmen und unter kaltem Wasser abschrecken. Knoblauch schälen und weitere 30 Sekunden im kochenden Wasser blanchieren, kalt abschrecken und abtropfen lassen. In einem Mörser fein zerreiben oder durch die Knoblauchpresse drücken; salzen und mit der weichen Butter verrühren.

Hörnchenteig:
500 g Mehl
6 EL Zucker
2 TL Salz
1 Würfel Hefe (42 g) oder 1 Beutel Trockenhefe
3 dl handwarme Milch
200 g Butter
2 Eigelb und 1 EL Wasser zum Bestreichen

Mit der Hälfte der Milch, 2 EL Zukker, 2 EL Mehl und der zerbröselten Hefe einen Vorteig ansetzen; die übrigen trockenen Zutaten in eine große Schüssel geben. Sobald sich beim Vorteig Blasen bilden, tut man ihn ebenfalls in die große Schüssel und verarbeitet das Ganze zu einem geschmeidigen Teig, wobei man den Rest der Milch nach und nach zugibt. Je nach Beschaffenheit des Mehls braucht der Teig etwas mehr oder etwas weniger Flüssigkeit. Er muß gleichmäßig elastisch sein und darf nicht mehr an der Schüssel kleben. Wenn nötig etwas mehr Mehl zugeben. Ein Drittel vom Teig abnehmen und dahinein die Knoblauchbutter kneten, danach diesen Teig wieder mit der übrigen Masse verkneten.
Nun den Teig auf einem bemehlten Tuch rechteckig ausrollen, bis er noch eine Dicke von 1 cm hat. In die Mitte des Teiges auf die Hälfte der Fläche die weiche Butter verteilen, die unbestrichenen Teigflächen von beiden Enden her darüberfalten, in der Mitte und an den Rändern diese Teigtasche durch Zusammendrücken versiegeln (evtl. einige Tropfen Wasser zu Hilfe nehmen). Den Teig nochmals zusammenfalten und wieder auf die ursprüngliche Größe des Rechteckes ausrollen. Wieder zusammenfalten und den Vorgang zweimal wiederholen. Zusammengefaltet an einem warmen, zugfreien Ort gehen lassen, bis sich das Volumen des Teigs verdoppelt hat, dann den Teig im Kühlschrank ca. 1 Stunde kaltstellen, herausnehmen und zu einem Rechteck von 25 x 50 cm ausrollen; dieses schneidet man mit einem scharfen Messer in 10 Rechtecke von 10 x 12 cm, die man dann diagonal in Dreiecke

teilt. Die Dreiecke rollt man von der schmalen Seite zur Spitze hin auf und biegt sie zu Hörnchen.
Die Hörnchen aufs Backblech legen, mit einem Tuch zugedeckt ca. 2 Stunden gehen lassen, bis sie sich in der Größe verdoppelt haben.
Eigelbe mit Wasser verquirlen und mit dieser Mischung die Oberfläche der Hörnchen bestreichen.
Im 205°C heißen Ofen 10-15 Minuten backen, bis der gewünschte Grad der Bräunung erreicht ist.
Variation:
Vor dem Zusammenrollen der Hörnchen die Teigstücke mit gehackter Petersilie und frischgeriebenem Parmesankäse bestreuen.

PASTA & AUBERGINEN FANTASTICO

Eine ansprechende vegetarische Sauce mit Auberginen und Kräutern zu Teigwaren. Parmesankäse rundet die Sache ab.

1 dl Olivenöl
8 frische Knoblauchzehen, fein gestiftelt
2 EL feingehackte Zwiebel
1 EL gehackte Petersilie
1 mittelgroße Aubergine
1 EL Oregano (getrocknet)
1 EL Basilikumblätter, gehackt
1 TL Salz
1/2 TL frischgemahlener Pfeffer
1-2 dl Wasser
Saft von 1/2 Zitrone
250 g Spaghetti oder Tagliatelle
1 dl Teigwaren-Kochwasser
1 EL frischgeriebener Parmesankäse

Öl in einer reichlich bemessenen Kasserolle erhitzen, Knoblauch und Zwiebel darin andünsten. Aubergine waschen und in 1 cm große Würfel schneiden, in den Topf geben, unter Rühren andünsten, Kräuter, Salz und Pfeffer zugeben, zugedeckt bei schwacher Hitze eine halbe Stunde lang dämpfen, dabei gelegentlich umrühren. Zitronensaft und 1 dl Wasser zufügen und weiterdünsten, bis die Aubergine weich ist. Falls nötig Wasser ergänzen.
Teigwaren nach Vorschrift in reichlich Salzwasser *al dente* kochen, sie sollen also noch "Biß" haben. Beim Abgießen 1 dl vom Kochwasser aufheben, zur Auberginensauce geben, die abgetropften Teigwaren zur Sauce geben und gründlich vermengen, Parmesankäse dabei unterheben. Ergibt zwei Portionen. Falls gewünscht mit weiterem Parmesan bestreuen.

PAGLIA E FIENO ALL'AGLIO

"Stroh und Heu" nennt man in Italien die Kombination von grünen und weißen Nudeln, eine in vielen Variationen beliebte Spezialität. Dieses Rezept bekommt seine Akzente von Pilzen, Schinken, und natürlich...Knoblauch!

6 EL Butter
8 frische Knoblauchzehen, feingehackt
500 g frische Champignons, geputzt und in feine Scheiben geschnitten
Salz
125 g Parmaschinken, in feine Streifen geschnitten
je 250 g grüne und weiße italienische Tagliatelle
250 g Schlagsahne
1/2 dl Hühnerbrühe
50 g geriebener Parmesankäse

Die Hälfte der Butter zerlassen, den Knoblauch darin andünsten. In einer zweiten Pfanne den Schinken in der restlichen Butter leicht andünsten. Nudeln nach Vorschrift in reichlich Salzwasser al dente kochen (sie müssen noch knackig sein), abgießen. Die Pilzpfanne wieder erhitzen, Sahne und Hühnerbrühe zufügen, Parmesankäse zugeben und umrühren. Nudeln hineingeben, vorsichtig unter ständigem Wenden erhitzen, am Schluß den Schinken zugeben. Vor dem Servieren nochmals mit Parmesankäse bestreuen. Die Nudelpfanne reicht für 6 Personen.

ROBINSONS VONGOLE-SAUCE

Das Rezept, das seinen Ursprung an der Westküste Mittelitaliens hat, wird seit mehr als hundert Jahren von der Familie Robinson gehütet. Eine Abwandlung besteht darin, daß man vor der Zugabe der Muscheln ein Pfund abgezogener und grobgehackter Tomaten zufügt und eine halbe Stunde köcheln läßt, bis die Tomaten musig sind.

8 frische Knoblauchzehen
1/2 TL Salz
1/2 TL weißer Pfeffer aus der Mühle
3 Eigelbe
1/4 l Olivenöl
2 EL Butter
3 EL feingehackte Schalotten
3 EL Mehl
2 große Dosen italienische Vongole (Venusmuscheln)
1 Bund Petersilie, feingehackt
1 Bund Basilikum, feingehackt

Knoblauchzehen durch die Presse drücken, in einer größeren Schüssel mit Salz und Eigelben schaumig rühren. Das Öl erst tropfenweise, später in größeren Dosen mit dem Schneebesen unter Eigelb und Knoblauch schlagen, genauso, wie man eine Mayonnaise rührt. (Alle diese Zutaten müssen Zimmertemperatur haben, sonst zerläuft die Sauce bei Erwärmung). In einer Kasserolle 2 EL Olivenöl und die Butter erhitzen, die Schalotten hineingeben und leicht anschwitzen, mit dem Mehl überstäuben, unter Rühren einige Minuten bei schwacher Hitze anrösten, dann mit der Flüssigkeit aus den Muscheldosen nach und nach unter ständigem Rühren ablöschen, ziehen lassen, bis eine sämige Sauce entstanden ist. Vom Feuer nehmen und mit dem Schneebesen die Knoblauch-Ei-Sauce einrühren, dann vorsichtig unter Rühren erhitzen, die Muscheln zugeben und ebenfalls erhitzen. Mit Petersilie und Basilikum vollenden. Die Sauce reicht man zu frischgekochten Teigwaren, vorzugsweise Tagliatelle oder Spaghetti.

FETTUCINE FRAGALE

Fettucine-Bandnudeln mit Knoblauchbutter, obendrauf eine cremige Sauce mit Ricotta-Käse, eignen sich als Vorspeise oder als Hauptgang gleichermaßen. Louise Fragale schickte ihr Lieblingsrezept von der anderen Seite des Kontinents, aus West Virginia, zum Wettbewerb nach Gilroy.

200 g weiche Butter
1 Bund Petersilie, feingehackt
1 EL Basilikumblätter, feingehackt
250 g Ricotta-Frischkäse, ersatzweise Sahnequark
Salz, Pfeffer
2 dl warme Milch
500 g italienische Fettucine, Tagliatelle oder Spaghetti
3 frische Knoblauchzehen, feingehackt
150 g frischgeriebener Parmesankäse

75 g Butter mit Ricotta, Petersilie und Basilikum verrühren, die warme Milch einarbeiten und das ganze unter Rühren vorsichtig erwärmen. Nudeln nach Vorschrift garen. Knoblauch in der restlichen Butter erhitzen, über die Teigwaren geben, gut vermengen, mit der Hälfte des Parmesans bestreuen und abermals vermengen. Auf Teller verteilen und mit der Käsesauce krönen. Mit dem restlichen Parmesankäse und etwas aufgesparter Petersilie bestreuen. Reicht für 6-8 Vorspeisen – oder 4 Hauptgangsportionen.

WEISSE VONGOLE-SAUCE

Mit dieser schnellen Vongole-Sauce, Tagliarini (schmalen Bandnudeln) und einem grünen Salat zaubern Sie im Nu ein leckeres Abendessen.

2 dl Olivenöl
4-6 Zehen frischer Knoblauch
1 große Dose Vongole
Salz, Pfeffer
Prise getrockneter Thymian
1 Bund Petersilie, feingehackt
500 g Tagliatelle oder Spaghetti

Öl in einer Kasserolle erhitzen, Knoblauch durch die Presse hineindrücken und andünsten. Muschelsaft, Salz, Pfeffer und Thymian beifügen, dann die Muscheln. Unter ständigem Rühren erhitzen. Teigwaren nach Vorschrift kochen. 5 Minuten vor dem Servieren die Petersilie in die Sauce einrühren.

PASTA CON PESTO ALLA MELONE

Melone ist hier nicht die Zutat, so heißt der Schöpfer dieses Rezepts: Dr. Rudy Melone, Direktor der Volkshochschule von Gilroy, Initiator des Knoblauchfestivals und Präsident des Festkomitees. Sein Pesto-Rezept wird seit vielen Generationen in seiner aus Italien eingewanderten Familie weitergereicht.

150 g frischgeriebener Parmesankäse
2 Hände voll frischer Basilikumblätter
125 g geschmolzene Butter
10-20 frische Knoblauchzehen (je nach deren Größe und Ihrem Geschmack)
1 EL Pinienkerne
2 dl Olivenöl

Die gewaschenen und getrockneten Basilikumblätter mit den Knoblauchzehen und dem Öl im Mixer pürieren, flüssige Butter, Pinienkerne und Parmesankäse zugeben und weitermixen, bis eine sämige, homogene Sauce entstanden ist.
Man reicht sie kalt zu frischgekochten, dampfenden Teigwaren. Die Wärme der Nudeln läßt den Pesto einen betörenden Duft von Knoblauch, Basilikum und Olivenöl verströmen. Jeder Tischgenosse macht sich seine Portion nach Geschmack mit Pesto an.
Übriggebliebener Pesto hält sich eine ganze Weile in einem geschlossenem Gefäß im Kühlschrank. Einfrieren sollte man ihn jedoch nicht. Etwas Kalbfleisch und ein Tomatensalat mit Essig und Öl komplettieren die Pasta al Pesto-Mahlzeit.

RINDSROULADEN MIT TOMATENSAUCE ZU NUDELN

In Scheiben geschnittene knoblauchwürzige Rouladen verleihen einer Nudelsauce eine ganz neue Dimension.

4 Scheiben Rinderrouladen-Fleisch
250 g Rinderknochen
12 frische Knoblauchzehen, feingehackt
2 Bund Petersilie, feingehackt
4 EL Olivenöl
3/4 l Tomatensauce, z.B. aus 3 Beuteln bereitet
2 EL gehackte Basilikumblätter
1 TL getrockneter Oregano
Salz, Pfeffer

Knoblauch mit Petersilie und Öl vermischen, die Rouladen salzen und pfeffern, mit der Kräuter-Öl-Mischung bestreichen, zusammenrollen und mit Zwirn oder Rouladennadeln rundum scharf anbraten, dann mit der vorbereiteten Tomatensauce ablöschen, bei schwacher Hitze mindestens zwei Stunden garen, bis die Rouladen weich sind. Gegen Ende der Kochzeit Oregano und Basilikum zugeben, Sauce falls erforderlich mit Salz und Pfeffer abschmecken.
Spaghetti oder Tagliatelle nach Vorschrift kochen, in einer großen vorgewärmten Schüssel mit einem Viertel der Sauce vermengen. Die Rouladen herausnehmen, von Zwirn oder Nadeln befreien und in Scheiben schneiden, die Scheiben auf den Teigwaren anrichten, die restliche Sauce darüberschöpfen. Dazu Parmesankäse reichen. Als Vorspeise 6-8 Portionen, als Hauptgericht 4 Portionen (mit 500 g Teigwaren).

NUDELN ROMANOFF

Mit Hüttenkäse, Sauerrahm und einigen Zutaten vom Gewürzbord zaubern Sie im Handumdrehen eine interessante Nudelkreation.

500 g Bandnudeln, am besten italienische Lingume
250 g Hüttenkäse (1 Becher)
200 g Sauerrahm
Salz
1 TL gefriergetrocknete Zwiebeln
1 TL Worcestershire-Sauce
1/2 TL Knoblauchpulver oder -granulat
Cayennepfeffer
75 g geriebener Cheddar- oder anderer pikanter Käse

Nudeln nach Vorschrift knackig kochen, mit den übrigen Zutaten ausser dem geriebenen Käse vermengen, alles in eine gebutterte Auflaufform geben, mit dem Käse bestreuen und im 175°C heißen Ofen 30-45 Minuten gratinieren, d.h. bis der Käse geschmolzen ist und sich eine appetitliche Kruste gebildet hat. Ergibt 6-8 Vorspeisen oder 4 Hauptportionen.

PESTO ALLA PELLICCIONE

Paul Pelliccione, einer der Hauptköche der Feinschmeckerstraße, verrät hier sein Pesto-Rezept, das auf dem Festival so großen Anklang fand.

2 Hände voll frischer Basilikumblätter, gewaschen und getrocknet
200 g geriebener Pecorino-, Romano- oder Parmesankäse
1 1/2 dl Olivenöl
150 g geschmolzene Butter
6 große Knoblauchzehen, geschält und zerdrückt

Basilikumblätter mit Öl, Butter, Knoblauch und zwei Dritteln des Käses im Mixer pürieren, aber nur grob. Falls die Mischung zu trokken ist, mehr Öl zufügen. Pesto gibt man kalt auf frischgekochte Teigwaren und bestreut mit dem restlichen Käse. Reste lassen sich im geschlossenen Gefäß im Kühlschrank aufbewahren oder auch portionsweise einfrieren. Die Oberfläche wird an der Luft allerdings schnell dunkel, so daß man übriggebliebene Sauce vor dem Servieren aufrühren sollte.

MARY ANNS FETTUCINE ZUCCHINI

Aus Zucchini, Tomaten, Knoblauch und Kräutern läßt sich eine köstliche Sauce zu Fettucine oder anderen Teigwaren bereiten.

3 EL Margarine
3 EL Olivenöl
1 mittelgroße rote Zwiebel, gehackt
4 frische Knoblauchzehen, geschält und in Scheiben geschnitten
500 g Zucchini, in Scheiben geschnitten
1 Handvoll feingehackte Kräuter (Petersilie, Basilikum, Oregano, Thymian, Majoran), ersatzweise eine entsprechende Mischung getrockneter Kräuter
Grobgemahlener schwarzer und roter Pfeffer
1 TL Zitronensaft
2 frische große Tomaten, abgezogen und gehackt

Zwiebel und Knoblauch in einem großen Topf mit Margarine und Olivenöl andünsten, Zucchini zugeben und zugedeckt bei mittlerer Hitze 10 Minuten dünsten, gelegentlich umrühren. Kräuter zufügen und weiterdünsten, bis die Zucchini weich sind, dann Tomaten und Zitronensaft zugeben, mit Salz und Pfeffer abschmecken. Einige Minuten bei schwacher Hitze weitergaren. Derweil 500 g Fettucine-Bandnudeln nach Vorschrift kochen, abgießen und mit der Sauce vermischen, mit frischgeriebenem Parmesankäse servieren.

WALNUSS-SAUCE AUS DEM KNOBLAUCHLAND

Nüsse, Käse und Olivenöl geben dieser Sauce italienischen Ursprungs den besonderen Charakter.

500 g Vermicelli (dünne Spaghetti)
300 g Walnußkerne
3 frische Knoblauchzehen, geschält
50 g Butter
50 g geriebener Parmesankäse

Die Nudeln nach Vorschrift in Salzwasser kochen. Derweil im Mixer die übrigen Zutaten pürieren, einige Löffel vom Nudelwasser dazugeben, um die gewünschte cremige Konsistenz zu erreichen. Nudeln abgießen und heiß mit der Nußsauce vermischen. Nach Wunsch mit Parmesankäse bestreuen. Für 4 Personen als Hauptgericht, 6-8 als Vorspeise.

SPAGHETTI JOSEPHINE

Der Name des Gerichts erinnert an eine italienische Tante, die zu Besuch kam und einem Mädchen in North Carolina die Scheu vor dem Knoblauch nahm. Kürzlich rief die Nichte aus: "Wie soll ich nur kochen, uns ist der Knoblauch ausgegangen!"

1 mittelgroßer Blumenkohl, in einzelne Röschen zerteilt
500 g Spaghetti
5 Zehen frischer Knoblauch, feingehackt
1 Bund Petersilie, feingehackt
125 g Butter
50 g geriebener Parmesankäse
Pfeffer aus der Mühle

Blumenkohl in einem Topf mit wenig Wasser gardünsten oder im Dampfkochtopf nach Vorschrift dämpfen. Die Röschen müssen noch "Biß" haben! Spaghetti in reichlich Salzwasser knackig garen. Währenddessen in einem kleinen Topf den Knoblauch im Olivenöl anschwitzen, Butter und Petersilie zugeben und noch etwas ziehen lassen. Spaghetti und Blumenkohl vermischen, mit der Sauce begießen, gründlich vermengen und mit Parmesankäse und Pfeffer bestreuen. Wenn Sie statt Blumenkohl Brokkoli nehmen, schmeckt das Gericht ebenso gut und sieht noch aparter aus.

GAGOOTZA

Ein original-kalifornisches Teigwarenrezept mit einer duftend-pikanten Sauce mit grünem Paprika. Die Menge reicht für eine große Gesellschaft, oder aber für mehrere Portionen zum Einfrieren.

Olivenöl
3 große Gemüsezwiebeln
2-3 ganze Knollen Knoblauch, in Zehen geteilt und durch die Presse gedrückt
3 große Bund Petersilie
14 mittelgroße Zucchini, ungeschält in 5 mm dicke Scheiben geschnitten
500 g grüne Paprikaschoten
2 grüne eingelegte scharfe Chilischoten
1,5 kg Schweinebratwurst italienischer oder Thüringer Art
1 kg Spaghetti
1 kg Mozarellakäse, grob geraspelt
1 200 g - Dose schwarze Oliven ohne Stein, halbiert
1 250 g - Dose Champignons

Paprikaschoten waschen und mit den Kernen grob hacken; Chilischoten fein hacken, mit den Paprika zusammen in Olivenöl weichdünsten. Knoblauch, Petersilie, Zucchini und Paprikapüree zufügen. Unter gelegentlichem Rühren dünsten, bis die Zucchini weich sind.
Bratwurst in 2 cm lange Stücke schneiden, in einer anderen Pfanne portionsweise bräunen, das Fett abgießen. Spaghetti in reichlich Salzwasser nicht ganz garkochen, abgiessen und mit kaltem Wasser abschrekken, mit einigen Löffeln Olivenöl anmachen, damit sie nicht aneinanderkleben.
6 5 cm hohe 20 x 25 cm große Auflaufformen mit Olivenöl fetten. Die Böden mit einer 2 cm hohen Schicht Spaghetti bedecken. Darauf folgt eine Schicht Bratwurst, die mit einer Schicht Zucchini-Paprikasauce abgedeckt wird. Obenauf streut man den geriebenen Mozarella-Käse und garniert mit Oliven und Champignons. Zum sofortigen Gebrauch im 175°C heißen Ofen eine halbe Stunde überbacken, für den Vorrat mit Alufolie abdecken und einfrieren. Diese Portionen dann unaufgetaut eine dreiviertel Stunde im 175°C heißen Ofen gratinieren. Mit Knoblauchbrot, grünem Salat und reichlich Bier oder Wein servieren. Ein echter Partyknüller!

TORTILLAS

Tortillas, dünne Masipfannkuchen, sind das Grundnahrungsmittel der Mexikaner. Auch nördlich der mexikanischen Grenze in Kalifornien gehören sie mittlerweile zur alltäglichen Kost, wie bei uns Spaghetti. Viele der nachfolgenden Rezepte enthalten Tortillas als Zutat. In Kalifornien kann man sie fertig kaufen.

Die Herstellung von Tortillas nach dem Originalrezept der Indios in Mexiko ist nicht kompliziert, aber etwas mühsam: Getrocknete ganze Maiskörner werden 24 Stunden in Kalkwasser (Wasser, das mit Kalk versetzt ist) eingeweicht, abgetropft und in einem Steinmörser zerrieben. Aus der Paste formt man kleine Kugeln, die mit den Händen zu runden, etwa 2 mm dünnen Küchlein geformt werden. Diese backt man auf einem heißen Blech.

Wenn Sie selber Tortillas machen wollen, bedienen Sie sich der Einfachheit halber des Instant-Produkts "Masa Harina": 250 g dieses Maismehls werden mit 1/4 l Wasser verrührt und zu einem geschmeidigen Teig geknetet; sollte der Teig bröcklig sein, fügt man tropfenweise mehr Wasser zu. Den Teig in 16 Teile teilen und zu kleinen Bällchen rollen. Mit den Händen tätschelnd formt man daraus Tortillas von 15 cm Durchmesser. (Man kann die Teigbällchen auch zwischen Lagen von Pergamentpapier legen und so mit dem Nudelholz auswalzen.) Die Tortillas in einer leicht gefetteten Eisenpfanne 1-2 Minuten auf jeder Seite bei mittlerer Hitze backen, im warmen Ofen warmstellen.

(Instant Masa Harina und andere mexikanische Produkte können von der Firma Mexikohaus, Godefroystraße 48, 2000 Hamburg 55, bezogen werden.)

N.B. Aus dem üblichen bei uns erhältlichen Maismehl ("Polenta") lassen sich Tortillas nicht herstellen.

FLEISCH

Schon 6000 vor Christus pflegten die Chinesen ihre Opferlämmer mit Knoblauch zu würzen, um die Götter gnädiger zu stimmen. Die Ehe zwischen Lammfleisch und Knoblauch ist noch heute lebendig. Aber Knoblauch paßt nicht nur zu Schaffleisch, sondern genausogut zu Rind, Schwein, Kalb oder Wild. Sein Duft und sein Geschmack stimmen nicht nur die Götter, sondern auch Ihre Gäste wohlgefällig.

ROULADENSTREIFEN SAN JUAN

Auch preiswerte Fleischstücke lassen sich zart und schmackhaft zubereiten. Dieses Rezept nutzt Rotwein, um Rouladenfleisch zart zu machen. Die verschiedenen Kräuter und Gewürze ergeben in Verbindung mit Fleisch und Wein eine hervorragende Sauce zu Reis oder Teigwaren.

1 kg Rouladenfleisch, in feine Streifen geschnitten
Mehl, Salz und Pfeffer
3 EL Olivenöl
3 frische Knoblauchzehen, feingehackt
2 TL getrockneter Oregano
2 TL Rosmarinblätter (getrocknet), oder 2 EL frischer Rosmarin
1 TL Knoblauchsalz
1 TL Zwiebelpulver
1/2 TL Thymian (getrocknet)
4 dl Rotwein
150 g frische Champignons in Scheiben

Fleischstreifen salzen und pfeffern, in Mehl wälzen, überschüssiges Mehl abklopfen. In einem Schmortopf das Öl erhitzen und das Fleisch portionsweise bei starker Hitze unter ständigem Rühren bräunen. Hitze reduzieren, alles Fleisch in den Topf zurückgeben, mit dem Rotwein ablöschen, die Gewürze zugeben. Zugedeckt eine halbe Stunde sanft schmoren lassen, gelegentlich umrühren, falls erforderlich verdampfte Flüssigkeit durch Wasser oder Rotwein ergänzen. Wenn das Fleisch weich ist, gibt man die Pilze hinzu und gart noch zehn Minuten.

FLAUTAS AL BAU

Für die Kalifornier gehören die Spezialitäten der mexikanischen Küche wie Tacos, Enchiladas, Tamales und Tostadas schon lange zur gewohnten Kost. Für sie ist es schwer zu begreifen, daß die übrigen Amerikaner und der Rest der Welt diese Gerichte oft gar nicht kennen. Dieses Rezept ist schnell realisiert und eignet sich gleichermaßen als Appetithappen, als Vorspeise oder Hauptgericht.

Butter nach Bedarf
750 g Rinderhackfleisch
250 g Chorizo (stark gewürzte Wurst, gibt's bei uns in spanischen Läden)
2 große Zwiebeln, gehackt
3 mittelscharfe rote Paprikaschoten, feingewürfelt (Falls Sie nur milde kriegen können, nehmen Sie eine eingelegte Pfefferschote hinzu)
4 mittelgroße reife Fleischtomaten, abgezogen und grob gewürfelt
1 EL Paprika
Salz, Pfeffer
Saft von 1 Zitrone
2 EL Sauerrahm
16 Tortillas (Maispfannkuchen, Rezept siehe Tortillas)

In einer großen Bratpfanne Hackfleisch, Zwiebeln, Parikaschoten und die kleingeschnittene Wurst anbraten; das Hackfleisch soll gebräunt sein, die Wurststücke sollen sich aufzulösen beginnen. Tomaten, Paprika, Salz, Pfeffer und Knoblauch zufügen, zehn Minuten köcheln lassen. Vom Feuer nehmen und die Hälfte der Flüssigkeit abgießen. Zitronensaft und Sauerrahm unterheben. 10 Minuten stehen lassen, damit sich die Aromen entfalten können. Die Mischung auf die Tortillas verteilen und die Pfannkuchen fest zusammenrollen, jeden mit einem Zahnstocher feststecken. Vor dem Servieren die gefüllten Tortillas in einer Pfanne in Butter rundum leicht anbräunen, heiß auftragen.

TIJUANA GEFÄNGNIS-CHILI

Wie alle Grenzstädtchen hat auch Tijuana, das dem kalifornischen San Diego gegenüberliegt, einen bunten, aber auch etwas zweifelhaften Ruf. Allerdings ist es unwahrscheinlich, daß in den dortigen Gefängnissen solch schmackhafte Kost serviert wird. Doch wie auch immer das Rezept zu seinem Namen gekommen ist, das Ausprobieren lohnt sich. Reichen Sie Salat und kaltes Bier dazu.

50 g gehackte Schweinsflomen
1,5 kg Rindfleisch von der Hüfte, in 2 cm große Würfel geschnitten
3 frische Knoblauchzehen, feingehackt
1 EL Oregano (getrocknet)
1 EL Kümmel, zerstoßen
1 EL Salz
1/2 - 1 TL Cayennepfeffer
1 TL Tabasco (rote Pfeffersauce)
1 1/2 l Wasser
100 g Maismehl

In einem Schmortopf die Flomen auslassen, bis die Grieben braun und knusprig sind. Das Rindfleisch in dem Fett anbraten. Gewürze und Wasser zufügen, aufkochen, dann bei schwacher Hitze 1 1/2 Stunden garen, gelegentlich umrühren. Fett abschöpfen, Maismehl einrühren und eine weitere halbe Stunde bei gelegentlichem Umrühren ohne Deckel köcheln lassen. Mit dicken Bohnen oder aber mit Tortillas oder Maisbrot servieren.

GILROY CHILI

Als diese Chilizubereitung bei einem Gartenfest in Gilroy neben gegrillten Steaks und Würstchen gereicht wurde, langten alle Gäste zwei- bis dreimal zu.

3 frische Knoblauchzehen, feingehackt
2 große Zwiebeln, gehackt
2 EL Olivenöl
1 kg Hackfleisch
1 grüne Paprikaschote
1 eingelegte grüne Pfefferschote, feingehackt
250 g geschälte Tomaten aus der Dose, abgetropft
1/2 l Fleischbrühe
1 EL Chilipulver
1 EL Kümmelpulver
Salz, Pfeffer aus der Mühle

In einem Schmortopf Knoblauch und Zwiebeln im Olivenöl weichdünsten. Zwiebel und Knoblauch herausnehmen, dann bei größter Hitze das Fleisch anbräunen. Übrige Zutaten zufügen, bei schwacher Hitze zugedeckt 3/4 Stunde garen. Vor dem Servieren Fett abschöpfen.

TAMALE PARTY-PASTETE

Dieses mexikanisch inspirierte Rezept reicht gut und gerne für zwanzig Leute. Wenn Sie es nur für die Familie zubereiten, können Sie den Rest sehr gut portionsweise einfrieren. Man wird gerne dazu greifen, wenn die Köchin oder der Koch ihren freien Tag haben!

500 g Maiskörner aus der Dose
500 g rote Pfefferschoten-Sauce, aus der Dose oder selbstgemacht (siehe Rezept)
2 große Zwiebeln, feingehackt
2 dl Öl
2 El Chilipulver
4 frische Knoblauchzehen, feingehackt
300 g Maisgries (Polenta)
1/2 l Milch
3 verquirlte Eier
1 Dose schwarze Oliven (425 ml) ohne Stein, mit ihrem Saft
Salz, Pfeffer
750 g Rinderhackfleisch

Alle Zutaten in einer großen Rührschüssel gründlich miteinander vermengen, in eine gefettete, 30 x 40 cm große, 6 cm hohe Gratinform füllen und eine halbe Stunde bei 175°C im Ofen backen, Hitze auf 150°C reduzieren und eine weitere 3/4 Stunde garen. Zum Servieren in rechteckige Stücke schneiden.

TRIPE A LA LOUIS

Im süddeutschen Raum sowie in Deutschlands westlichen und südlichen Nachbarländern gehören Kutteln zur gewohnten Kost, nördlich der Mainlinie schätzt man sie dagegen kaum. Im Süden bekommt man Kutteln küchenfertig vorbereitet, im Norden muß man sie selber preparieren, in schmale Streifen schneiden und zweimal blanchieren. Diese Zubereitung mit Weißwein, Fleischbrühe, Gemüse, Knoblauch und Tomaten duftet so verführerisch, daß auch Skeptikern das Wasser im Mund zusammenläuft. Überdies haben Kutteln den Vorteil, eiweißreich und fettarm zu sein, sie sind also eine ideale Diätspeise. Gehackter Oregano und Korianderkraut sind die passenden Garnituren beim Servieren.

1,5 kg küchenfertige Kutteln
3 EL Olivenöl
1 große Zwiebel, in Scheiben geschnitten
2 große Möhren, in Scheiben geschnitten
1 große grüne Paprikaschote, grob gewürfelt
140 g Tomatenpüree
250 g abgetropfte Dosentomaten
1/2 l trockener Weißwein
1/4 l Fleischbrühe oder Bouillon
1 Lorbeerblatt
4 frische Knoblauchzehen, geschält und zerdrückt
4-6 Spritzer Tabasco (rote Pfeffersauce)
1 Zweig Thymian
Salz, Pfeffer
450 g Maiskörner aus der Dose, abgetropft und zerdrückt

Olivenöl in einem großen Schmortopf erhitzen, Zwiebel, Möhren und Paprikaschoten unter Rühren andünsten, Tomatenpüree, Tomaten, Wein, Fleischbrühe, Lorbeerblatt, Knoblauch, Tabasco, Pfeffer, Thymian und Maiskörner zufügen, umrühren und aufkochen, dann die Kutteln zugeben und 2 1/2 bis 3 Stunden bei schwacher Hitze zugedeckt garen. Es reicht für sechs sehr hungrige Esser!

GRÜNER KNOFEL-CHILI

Eine Variante des klassischen mexikanischen Chili verde, die leicht zuzubereiten ist und gut schmeckt.

1 kg Rindfleisch (Gulaschqualität) in 1 cm große Würfel geschnitten
1 dl Olivenöl
3 Knollen frischer Knoblauch
6 grüne Paprikaschoten
1 grüne eingelegte Pfefferschote, feingehackt
Salz, Pfeffer
1 große Zwiebel
3 große grüne Tomaten

Öl in einem großen Schmortopf erhitzen, Fleischwürfel rundum bei starker Hitze anbraten. Hitze reduzieren und bei schwacher Hitze zugedeckt garen lassen, bis das Fleisch weich ist, falls nötig etwas Wasser zufügen. Knoblauch in einzelne Zehen trennen und schälen, zum Rindfleisch geben und weichgaren. Die feingewürfelten Paprikaschoten, feingehackte Pfefferschote und gehackte Zwiebel zufügen, dann die gewürfelten grünen Tomaten. Zugedeckt garen lassen, bis alles weich ist, gelegentlich umrühren. Mit Bohnen, Brot oder Tortillas servieren.

RINDFLEISCH TERIYAKI

Kein Knoblauch-Kochbuch wäre vollständig ohne dieses klassische japanische Rezept, bei dem der Knoblauch in der Marinade so eine wichtige Rolle spielt. Besonders apart ist es, wenn Sie Stücke frischer Ananas abwechselnd mit dem Fleisch auf die Spieße stecken.

500 g Rinderlende, in 2 cm große Würfel geschnitten
2 dl Sojasauce
50 g brauner Rohrzucker
2 EL Zitronensaft
1 EL frischgeriebene Ingwerwurzel
1 durchgepreßte Knoblauchzehe
1/2 TL Zwiebelsalz

Die Zutaten der Marinade gründlich miteinander verrühren, das Fleisch darin einlegen und bei Zimmertemperatur eine Stunde oder zugedeckt im Kühlschrank mehrere Stunden ziehen lasssen. Fleischstücke auf Holzspieße stecken, evtl. abwechselnd mit Würfeln frischer Ananas. Unterm Elektrogrill auf der mittleren Leiste 10-12 Minuten grillen, dabei einmal umdrehen. Als Appetithappen oder mit Reis zusammen als Hauptgang servieren. Die Menge reicht für 2 Personen als Hauptgericht. Die Teriyaki-Spieße eignen sich auch zum Grillen über dem Holzkohlenfeuer.

OCHSENSCHWANZ IN SHERRY

Dieser herzhafte Ochsenschwanz in seiner Sherrysauce ist ein rechter wärmender Trost an einem kalten Winterabend. Das Fleisch wird mit Gemüse langsam gegart.

3 EL Mehl
3 TL Paprika
1 TL Salz
2 kg Ochsenschwanz, in Stücke gehackt
1 dl Öl
1/2 l kochendes Wasser
250 g feingeschnittene frische Champignons
1 entkernte, feingeschnittene rote Paprikaschote
2 große Zwiebeln in dünnen Scheiben
3 frische Knoblauchzehen, zerdrückt
1 Würfel Fleischbrühe
1 Würfel Hühnerbrühe oder Gemüsebrühe (jeweils für 1/2 l)
2 TL Currypulver
1/4 l trockener Sherry

Mehl mit Paprika und Salz vermischen, die Ochsenschwanzstücke in einer großen Schüssel damit schütteln, um das Fleisch so zu bestäuben. In einem großen Schmortopf das Öl erhitzen, die Ochsenschwanzstücke darin rundum anbraten. Mit kochendem Wasser ablöschen und zugedeckt bei schwacher Hitze 1 Stunde garen. Zwiebeln, Paprikaschote, Knoblauch, Brühwürfel und Curry zugeben, weitere zwei Stunden zugedeckt garen, bis das Fleisch weich ist. Sherry und Champignons zugeben und eine weitere Viertelstunde köcheln lassen. Falls gewünscht, vor dem Servieren die Sauce mit dunklem Saucenbinder andikken. Ergibt 4 bis 6 Portionen. Teigwaren oder Polenta dazu reichen.

ITALIENISCHE DICKE BOHNEN MIT METT

Pikantes Wurstfleisch, Kräuter und Bohnen ergeben einen leckeren und obendrein preiswerten Eintopf.

500 g gewürztes Schweinemett
1 mittelgroße Zwiebel, feingehackt
2 durchgepreßte Knoblauchzehen
1 10 cm langer Zweig Rosmarin
1 kleiner Zweig Thymian
1/4 l Tomatensauce, aus der Tüte bereitet
2 425 ml - Dosen weiße Bohnen, abgetropft
50 g Butter
150 g Semmelbrösel
1 Bund Petersilie, feingehackt

Mett zerbröseln, mit Zwiebel und Knoblauch vermischen, im Schmortopf scharf anbraten, die abgezupften und kleingeschnittenen Blätter von Thymian und Rosmarin zufügen, ebenso die Tomatensauce. Alles gründlich vermengen, 15 Minuten köcheln lassen, die Bohnen zugeben und unterheben, alles in eine Auflaufform von 1,5 l Inhalt geben. Butter zerlassen, mit den Semmelbröseln und der Petersilie vermengen und auf die Bohnen streuen. Bei 175°C eine Stunde backen, oder bis die Brösel schön gebräunt sind.

KNOBLAUCH-FRITTATA

Dieses leckere Eiergericht paßt hervorragend in ein spätes Frühstück oder als leichtes Abendessen. Probieren Sie dazu gedämpfte Artischocken oder einfach grünen Salat und trinken Sie dazu einen trokkenen Weißwein; vielleicht sogar einen kalifornischen Chardonnay.

8 Eier
1,5 dl Milch
75 g frischgeriebener Parmesankäse
2 EL Butter
4 frische Knoblauchzehen, feingehackt
100 g Kochwurst, Krakauer, Knoblauchwurst oder ähnliche, grob gehackt
4 große Kartoffeln, grob gerieben
100 g geriebener Cheddarkäse

Eier mit Milch und Parmesankäse aufschlagen, beiseite stellen. In einer großen Bratpfanne bei mittlerer Hitze Knoblauch, Zwiebeln, Wurst und Kartoffeln in der Butter anbraten, bis die Kartoffeln weich sind. Die Eimischung darübergiessen, zudecken und fast gänzlich stocken lassen. Mit dem Cheddarkäse bestreuen und unter dem Grill leicht bräunen. Zum Servieren in Stücke schneiden.

CONEJO A LA CHILINDRON

Wenn Sie gerne Kaninchen essen, werden Sie sicher dieses traditionelle spanische Rezept in Ihr Repertoire aufnehmen.

1 Kaninchen von 1 - 1,5 kg, in 6-8 Stücke zerteilt
Salz, Pfeffer
1/2 dl Olivenöl
2 große Zwiebeln, halbiert und in 5 mm breite Streifen geschnitten
2-3 feingehackte Knoblauchzehen
3 rote Paprikaschoten, entkernt und in 5 mm breite Streifen geschnitten
125 g gekochter Schinken, fein gewürfelt
6 große Tomaten, abgezogen, entkernt und fein gehackt
2 schwarze und 6 grüne Oliven, entsteint und halbiert

Die gewaschenen und getrockneten Kaninchenteile in einem schweren Schmortopf im Öl rundum anbraten und dabei gleichmäßig bräunen, dann herausnehmen, Zwiebeln, Knoblauch, Paprika und Schinken hineingeben und 10 Minuten unter Rühren dünsten, die Tomaten zugeben und etwas einkochen lassen. Kaninchenteile wieder zufügen, mit der Sauce überziehen und zugedeckt etwa eine halbe Stunde garen. Am Schluß Oliven zufügen und nochmals abschmecken.

RINDFLEISCH-ENCHILADAS MIT KNOBLAUCH

Auf den ersten Blick mag dieses Rezept kompliziert anmuten, tatsächlich aber ist es ganz einfach zuzubereiten. Sie können die Fleischfüllung und die Sauce auch vorbereiten.

Sauce:
4 frische Knoblauchzehen, feingehackt
3 EL Öl
750 g rote Pfefferschoten-Sauce (siehe Rezept)
1/4 l Tomatensauce, z.B. aus der Tüte zubereitet

Öl in einer Kasserolle erhitzen, Knoblauch darin weichdünsten, Pfefferschoten-Sauce zufügen und erhitzen, Tomatensauce einrühren. (Sollte die Sauce zu dünn ausfallen, kann man sie mit etwas Saucen-Binder andicken.)

Füllung:
500 g Hackfleisch
2 Knoblauchzehen, feingehackt
2 EL Öl
Salz, Pfeffer

Öl in einer Bratpfanne erhitzen, Fleisch mit Knoblauch bei mittlerer Hitze unter ständigem Rühren bräunen, mit Salz und Pfeffer abschmekken.

Fertigstellung:
2 Dutzend Tortillas (s. Tortillas)
2 frische Knoblauchzehen, feingehackt
1 mittelgroße Zwiebel, feingehackt
400 g geriebener Cheddar-Käse oder Mittelalter Holländer
200 g schwarze Oliven ohne Stein

Die warmen Tortillas in die kühle Sauce tauchen und auf einer Platte ausbreiten. Fleischfüllung mit Knoblauch, 300 g Käse, Zwiebel und 150 g Oliven vermengen, die Tortillas damit füllen und zusammenrollen, dann dicht nebeneinander in eine große Gratinform oder einen flachen Bräter packen. Die restliche Sauce über die Tortillas schöpfen, mit dem restlichen Käse und den verbliebenen Oliven bestreuen und im 180°C heißen Ofen überbacken, bis der Käse geschmolzen ist und eine goldbraune Kruste gebildet hat.

BRÖTCHEN MIT ROASTBEEF UND GRÜNEM PAPRIKA

Der Duft von gedünsteten Paprikaschoten und Knoblauch ließ den Festivalbesuchern das Wasser im Munde zusammenlaufen. Noch heute spricht man von den Sandwiches, die Lou Trinchero und seine Helfer servierten. Er und seine Helfer verbrauchten 350 Kilo Rinderlende, 125 Kilo Paprikaschoten und 375 Kilo Brot. Freundlicherweise hat er das Rezept auf Mengen reduziert, die ausreichen, um "4 Leute satt zu machen".

4 grüne Paprikaschoten, entkernt und geviertelt
1 mittelgroße Zwiebel, gehackt
3 Zehen frischer Knoblauch, gehackt
Salz, Pfeffer
4 EL Olivenöl
400 g Rinderlende, rosa gegrillt oder gebacken
8 Milchbrötchen, halbiert, mit Knoblauchbutter bepinselt und im Ofen oder unterm Grill angeröstet

Paprikaschoten mit Zwiebeln und Knoblauch im Olivenöl weichdünsten, mit Salz und Pfeffer abschmekken. Rindfleisch dünn aufschneiden, die unteren Hälften der Brötchen damit belegen, mit dem Paprikagemüse und der oberen Brötchenhälfte bedecken.

KRUSTIGES LAMMGIGOT „CON AJO"

Die Mexikanerin Tere Gonzales de Usabiaga sandte dieses deftige Rezept aus ihrer Heimat ein.

3 extragroße Knollen frischer Knoblauch (ca. 180 g)
1 Bund frische Petersilie, feingehackt
1/2 dl Öl
1 Lammkeule

Knoblauchzehen trennen und schälen, mit Petersilie und Öl im Mixer pürieren oder zweimal durch die feine Scheibe des Fleischwolfs drehen und dann durch ein Sieb streichen. Von der Lammkeule den größten Teil der Fettschicht wegschneiden, das Fleisch rundum mit der Knoblauchpaste dick bestreichen und auf dem Rost im Backofen bei 175°C garen. Rechnen Sie pro 500 g Fleischgewicht 20-30 Minuten Garzeit, je nachdem ob das Lamm innen rosa oder durchbraten gewünscht wird. Die Knoblauchpaste kann man auch bei anderen Braten, z.B. vom Schwein oder Rind, verwenden.

TORTILLA-KASSEROLLE

Gilroys enge Verbindung zum spanisch-mexikanischen Kulturkreis zeigt sich nicht nur in den Namen von Straßen und Plätzen, sondern auch in den Kochgewohnheiten seiner Bewohner. Bei diesem Rezept werden Elemente der mexikanischen Küche zu einem schmackhaften Auflauf kombiniert.

1 große Zwiebel, gehackt
3 frische Knoblauchzehen, feingehackt
1/2 dl Olivenöl
750 g Hackfleisch
500 g rote Pfefferschoten-Sauce (siehe Rezept)
3 dl doppelte Kraftbrühe
200 g reife schwarze Oliven ohne Stein, in Scheiben
2 EL Weinessig
2 El Chilipulver oder milder Paprika
200 g geriebener pikanter Cheddarkäse
1 Dutzend Maistortillas (Rezept siehe Tortillas)

Zwiebel und Knoblauch im Öl andünsten, Hackfleisch zugeben und unter Rühren gründlich anbraten. Alle übrigen Zutaten außer Käse und Tortillas zufügen und ca. 15 Minuten bei schwacher Hitze kochen, damit sich das Aroma der Gewürze entfalten kann. Sauce und Tortillas abwechselnd in eine Auflaufform schichten, mit dem Käse bestreuen und 45 Minuten bei 175° C backen.

SCHMORBRATEN AUF PAZIFISCHE ART

Hier wird ein schlichter Schmorbraten durch Knoblauch veredelt; die mit Tomatensaft angereicherte Sauce schmeckt sehr gut zu Reis.

1-1,5 kg Rinderschmorbraten
8 frische Knoblauchzehen
Salz, Pfeffer, Cayennepfeffer
Öl zum Anbraten
3 dl Wasser
1 große Zwiebel, gehackt
Saucenbinder braun
1 EL Worcestershire-Sauce
1/2 dl Tomatensaft

Mit einem kleinen scharfen Messer rundum Einschnitte ins Fleisch machen und die geschälten Knoblauchzehen hineinstecken. Fleisch mit Salz, Pfeffer und Cayenne einreiben. In einem gußeisernen Brater wenig Öl erhitzen und das Fleisch rundum bräunen. Mit Wasser ablöschen, die Zwiebel zugeben und zugedeckt bei schwacher Hitze ca. 2 Stunden schmoren. Fleisch herausnehmen, warmstellen, Saft mit Saucenbinder andicken, mit Worcester-Sauce und Tomatensaft vollenden, wenn erforderlich mit Salz nachschmecken. Braten aufschneiden, mit der Sauce und Reis servieren

BEEF STEW BONESIO

Jeder schätzt einen guten Eintopf, und fast jede Familie hat dafür ihr spezielles Rezept. Hier werden Rindfleisch, Wein und Gemüse in einer lukullischen Kombination gekocht.

750 g mageres Rindergulasch in Würfeln
3 EL Mehl
3 EL Sonnenblumen- oder Distelöl
1,5 dl Rotwein
4 dl kochendes Wasser
3 mittelgroße Zwiebeln, in Scheiben geschnitten
3 mittelgroße Möhren, in Scheiben geschnitten
500 g Kartoffeln, geschält und in 2cm große Würfel geschnitten
1/2 Stange Bleichsellerie in 1 cm langen Stücken
3 geschälte Knoblauchzehen
1 Bund Petersilie, je 1 kleiner Zweig Majoran, Oregano, Salbei, Thymian, möglichst frisch, feingehackt; ersatzweise getrocknete Kräuter
Salz, Pfeffer
250 g geputzte kleine Champignons

Öl in einem gußeisernen Bräter erhitzen. Fleisch in Mehl wenden und unter Rühren rundum anbraten, mit Wein und soviel Wasser löschen, daß das Fleisch gerade bedeckt ist. Bei schwacher Hitze zugedeckt 1 Stunde garen. Dann Gemüse und Kräuter zugeben, eine weitere halbe Stunde garen, oder bis die Gemüse gerade weich sind. Vom Feuer nehmen und nach einer Viertelstunde das Fett abschöpfen. Mit Salz und Pfeffer abschmecken, aufkochen, die Champignons zufügen und weitere zehn Minuten bei schwacher Hitze garen. Vor dem Servieren mit frischgehackter Petersilie bestreuen. Reicht für 4-6 Personen.

STEAKS VOM HOLZKOHLENGRILL

Die meisten Grillköche empfehlen, das Fleisch einige Stunden vor dem Grillen in die Marinade zu legen, damit das Kräuteraroma einziehen kann.

1 dl Olivenöl
2 EL Zitronensaft
1 TL Zwiebelsalz
1 TL Worcestershire-Sauce
2 durchgepreßte Knoblauchzehen
1/2 TL Streuwürze (Fondor oder Aromat)
Pfeffer aus der Mühle
4 Lendensteaks, 2 cm dick geschnitten

Zutaten für die Marinade gründlich verrühren oder in einem Marmeladenglas aufschütteln, über die Steaks gießen und mehrere Stunden zugedeckt im Kühlschrank ziehen lassen, dabei das Fleisch umdrehen. Die Steaks dicht über den Kohlen auf beiden Seiten scharf angrillen, damit sich die Poren des Fleisches schließen, dann weiter vom Feuer entfernt fertiggaren (5-15 Minuten Gesamtgrillzeit je nach gewünschtem Garungsgrad).

KALBSHAXEN MIT KNOBLAUCH

Ann Epstein ging aufs Ganze und schmiß vier volle Knoblauchknollen in den Topf. Ihr Wagemut brachte ihr den dritten Rang im Finale des Kochwettbewerbs ein. Knoblauch und Kalbfleisch garen gemeinsam eine Stunde lang in einer Weinsauce. Dann werden die weichgedünsteten Zehen eingesammelt und in einer kleinen Schüssel zu Tisch gebracht; der Knoblauch dient den Gästen als Brotaufstrich. Zu diesem deftigen Gericht sollten Sie einen robusten Rotwein reichen. (Wir haben alle Mengen verringert und kommen so mit 3 Knollen Knoblauch aus.)

2 Kalbshaxen von der Hinterhand, in 2,5 cm dicke Scheiben zersägt
1/2 dl Öl
2 große Zwiebeln, in dicke Scheiben geschnitten
1-2 große Möhren, in dicke Scheiben geschnitten
1 Bouquet garni (gebundenes Sträußchen aus Thymian, Petersilie und Lorbeerblatt)
1/4 l trockener Weißwein
1/2 bis 3/4 l Kalbs- oder Hühnerbrühe, ausreichend, um das Fleisch im Topf zu bedecken
Salz, Pfeffer
3 Knollen frischer Knoblauch
Frischgehackte Petersilie

In einem großdimensionierten Schmortopf das Öl erhitzen, die Fleischscheiben nacheinander beidseitig bräunen und wieder herausnehmen. Hitze reduzieren und Zwiebeln, Möhren und das Bouquet weichdünsten; überschüssiges Fett abgießen, die Fleischscheiben auf das Gemüse legen und mit dem Wein aufgießen. Den Wein bei schwacher Hitze fast ganz einkochen lassen (dabei darauf achten, daß Fleisch und Gemüse nicht anbrennen), danach mit der Fleischbrühe aufgießen, bis das Fleisch bedeckt ist, und zum Kochen bringen. Den Knoblauch in einzelne Zehen teilen und schälen, auf dem Hackbrett mit der Breitseite einer Messerklinge etwas zerdrücken und in die kochende Brühe geben. Vorsichtig salzen und pfeffern (die Sauce wird noch eingekocht!), dann zugedeckt im 175 °C heißen Ofen 1 bis 1 1/2 Stunden garen. Das Fleisch ist gar, wenn es sich leicht vom Knochen ziehen läßt. Fleisch herausnehmen und auf einer Platte warmstellen. Die Sauce abseihen, sie sollte noch ca. 3 dl Volumen haben. Wenn nötig, kocht man sie auf dieses Quantum ein. Karotten und Zwiebeln kann man ganz oder püriert der Sauce wieder zufügen oder auch weglassen, die Knoblauchzehen werden getrennt gereicht. Vor dem Servieren das Fleisch mit reichlich frischgehackter Petersilie bestreuen. Durch die lange Garzeit hat der Knoblauch viel von seiner Schärfe verloren und dabei eine buttrige Konsistenz angenommen. Reichen Sie dazu frischgeröstetes Weißbrot.

LARRY'S RINDFLEISCH IN BIER

"Wenn Larry mich besuchen kommt bringt er immer Steaks und Bier mit, damit ich ihm sein Lieblingsgericht koche", berichtet Phyllis Gaddis, die dieses Rezept beisteuerte. "Er weiß daß ich die übrigen Zutaten immer da habe."

4 Scheiben Beefsteak à 125 g
1 Bund Petersilie, feingehackt
1 Lorbeerblatt
1 Zweig Thymian
2 Blätter Salbei
1/4 TL Selleriesamen
2 EL Öl
4 TL scharfer Senf
2 große Zwiebeln, feingehackt
Salz, Pfeffer
5 Zehen Knoblauch, feingehackt
0,33 l Bier
2 dl Sauerrahm

Die Steaks auf einer Seite mit Senf bestreichen. Die Kräuter in ein Gaze-Säckchen einbinden. Öl in einem Schmortopf erhitzen, die Steaks zuerst auf der unbehandelten, dann auf der Senfseite scharf anbraten. Zwiebeln zufügen und 1 Minute unter Rühren anbraten. Hitze reduzieren, Knoblauch zugeben, mit Salz und Pfeffer abschmecken, mit dem Bier ablöschen, das Kräutersäckchen zugeben und zugedeckt schmoren lassen, bis das Fleisch weich ist (1/2–1 Stunde je nach Dicke der Scheiben); falls erforderlich, Flüssigkeit durch weiteres Bier ergänzen. Fleisch herausnehmen und warmstellen, die Sauce fast ganz einkochen, Sauerrahm zugeben und unter Rühren erhitzen (nicht mehr aufkochen) und über das Fleisch geben.

LENAS FLEISCHBÄLLCHEN

Die Verbindung von Rind- und Schweinefleisch bürgt dafür, daß diese Klößchen nicht austrocknen – wie immer man sie auch garen mag.

500 g Rinderhackfleisch
250 g Schweinehackfleisch
50 g geriebener Parmesankäse
4 Scheiben altbackenes Weißbrot, in Wasser eingeweicht und ausgedrückt
2 Eier
5 frische Knoblauchzehen, durchgepreßt
1 mittelgroße Zwiebel, feingehackt
1 EL feingehackte Petersilie
2 TL Salz
1 TL getrockneter Oregano
1/2 TL frischgemahlener Pfeffer

Sämtliche Zutaten mit den Händen oder den Knethaken eines Handrührgeräts zu einer homogenen Masse verarbeiten, mit nassen Händen kleine Klößchen formen. Man kann sie braten, im Ofen garen oder – zu Spaghetti – in heißer Tomatensauce garziehen.

DIANES MEXIKANISCHE LAMMKOTELETTS

Fürs mexikanische Grillfest werden Lamm-Chops in eine kräuterwürzige Zitronenmarinade eingelegt.

1 dl trockener Weißwein
1,5 dl Öl
1/2 dl frischer Zitronensaft
3 große frische Knoblauchzehen, feingehackt
2 EL brauner Rohrzucker
2 TL feingehackte Zwiebeln
2 TL feingehackte Cilantroblätter (Korianderkraut, ersatzweise Petersilie)
2 TL gehacktes Basilikum
1 TL gehackter Rosmarin
1/2 TL gehackter Oregano
8 dicke Lammkoteletts aus der Rückenmitte

Alle Zutaten für die Marinade gründlich miteinander verrühren, in einer flachen Schüssel über die Lammkoteletts gießen, über Nacht zugedeckt im Kühlschrank ziehen lassen, über Holzkohlenglut grillen. Dazu reicht man grünen Salat, gedämpften Reis, mit Zwiebeln und Basilikum geschmorte Zucchini und knuspriges Weißbrot.

KNOBLAUCH-KEBAB

Verwenden Sie diese deftig-duftende Marinade für Ihren nächsten Grillabend. Lamm und Gemüse ergeben eine leckere Kombination.

1,5 dl Rotwein
1/2 dl Olivenöl
1/2 dl Rotweinessig
1 gehackte Zwiebel
5 frische Knoblauchzehen, durchgepreßt
1 TL Salz
1 EL gehackte Rosmarinblätter (frisch)
1 TL Worcestershire-Sauce
1 Lorbeerblatt
Pfeffer aus der Mühle
1 kg Lammfleisch von der Schulter, in 2 cm große Würfel geschnitten
16 Champignons
16 Tomatenkirschen
1 große grüne Paprikaschote, in 12 Teile geschnitten
1 große Zwiebel, in 12 Teile geschnitten

Wein, Öl, Essig, Zwiebel, Salz, Kräuter und Gewürze zu einer Marinade verrühren, das Fleisch über Nacht darin einlegen (zugedeckt im Kühlschrank verwahren). Fleisch auf vier Spieße stecken, Gemüse gemischt ebenfalls auf vier Spieße. Lammspieße 10 cm über der Glut ca. 20 Minuten grillen, während der letzten 10 bis 12 Minuten die Gemüsespieße dazulegen. Während des Grillens Fleisch und Gemüse mit der Marinade bepinseln. Noch schneller und einfacher können Sie die Marinade bereiten, wenn Sie alle Zutaten im Mixer pürieren.

MINUTENSTEAKS MIT KRÄUTERN

Die preiswerten Minutensteaks (deren Oberfläche maschinell von feinen Messern kreuzweise geritzt ist) gewinnen ungemein, wenn man sie in einer Sauce aus Wein und Kräutern mariniert. Vollendet wird das Gericht mit Sauerrahm und Paprika.

2 dl Öl
1 dl Rotwein
3 Knoblauchzehen, durchgepreßt
1 EL feingehackte Zwiebel
1/2 TL Selleriesalz
1/2 TL Salz
1 EL Basilikum, feingehackt
1/2 TL Oregano (getrocknet)
Pfeffer aus der Mühle
Muskatnuß
6 Minutensteaks
1 dl Sauerrahm
Paprika

Alle Zutaten außer Paprika, Sauerrahm und Fleisch zu einer Marinade verrühren, in einem tiefen Teller die Steaks darin wenden und eine Stunde ziehen lassen, dabei einmal umwenden. Steaks in der Pfanne nach Wunsch braten. Jedes Steak mit einem Löffel Sauerrahm garnieren und mit Paprika bestreuen. (Für 6 Personen)

RINDERLENDE SAN BENITO

Dieses Roastbeef wird eine halbe Stunde in Zitronensaft und Öl mariniert, so daß das Fleisch garantiert saftig und zart auf den Tisch kommt.

2 kg Rinderlende am Stück
4 EL Zitronensaft
4 EL Öl
Salz, Pfeffer
1TL gemischte Kräuter (getrocknet)
1 EL Meerettich (aus Tube oder Glas)
2 Knoblauchzehen, durchgepreßt
Muskatblüte

Öl und Zitronensaft zur Emulsion verrühren, das Fleisch damit einstreichen und eine halbe bis eine volle Stunde ruhen lassen, dabei ein- oder zweimal umdrehen und erneut mit der heruntergetropften Marinade bestreichen. Die Gewürze zur Paste verrühren und das Fleisch damit einreiben. Fleisch im 230°C heißen Ofen 45 Minuten braten, falls Sie es *saignant,* also blutig wünschen, für rosa ca. 20 Minuten länger. (Am besten läßt sich der Garungsgrad mit einem Einsteckthermometer kontrollieren.)

FLEISCH- UND KARTOFFEL-QUICHE AUF GILROY-ART

Dieses heiße Rezept steuerte der Feuerwehrmann Bob Dixon bei, Teilnehmer an der Endausscheidung des Rezeptwettbewerbs. Es ist sein Lieblingsgericht. Seine Küchenpraxis erwarb er sich auf der Feuerwache, wo die Kollegen reihum kochen. "Ich liebe Knoblauch und verwende ihn reichlich", erklärte Bob. "Die Kollegen strahlen, wenn sie meine Gerichte kosten. Das ist mein schönster Lohn."

Für den Teig:
450 g Hackfleisch
125 g Semmelbrösel
1 Ei
1 Knoblauchzehe, feingehackt
2 EL Worcestershire-Sauce
2 EL frisches gehacktes Basilikum
1/2 TL frischgemahlener Pfeffer

Alle Zutaten zu einem festen Teig gründlich verkneten, eine gefettete oder teflonbeschichtete 24 cm - Springform damit auskleiden und im 175°C heißen Backofen eine Viertelstunde garen, herausnehmen und abkühlen lassen.

Füllung:
3 frische Knoblauchzehen, feingehackt
1 große Zwiebel, feingehackt
2 EL Öl
3 große Kartoffeln, gekocht, gepellt und in Scheiben geschnitten
125 g scharfer Cheddarkäse, feingewürfelt
2-3 halbscharfe grüne Pfefferschoten, feingehackt
Salz, Pfeffer

Knoblauch und Zwiebel im Öl fünf Minuten andünsten. 100 g Kartoffeln abzweigen, den Rest mit Käse, Pfefferschoten, Salz, Pfeffer und der gedünsteten Zwiebel und Knoblauch gründlich vermischen; die vorbereitete Fleischkruste damit füllen.

Deckel:
die 100 g Kartoffeln
1 dl heiße Milch
50 g Cheddar-Käse
3 frische Knoblauchzehen, feingehackt
1 Ei
1 EL mittelscharfer Senf

Kartoffeln durch die Quetsche drükken, alle Zutaten gründlich vermengen und die Füllung der Quiche damit bedecken.

Fertigstellung:
Die Quiche im 175°C heißen Ofen 25-30 Minuten backen oder bis sich oben eine leckere Kruste gebildet hat.

PAJARO-PFEFFERSTEAK

Ein Steak für Feinschmecker, mit einer pfeffrigen, deftig-scharfen Sauce. Schmeckt hervorragend mit wildem Reis und gedünsteten Pilzen.

6 Lendensteaks, 2 1/2 cm dick geschnitten
3 Knoblauchzehen, durchgepreßt
Salz, Pfeffer aus der Mühle
3 EL Butter
50 g Bratenjus, selbst hergestellt oder aus der Metzgerei
2 EL Sauternes-Weißwein (od. süße Spätlese)
2 EL feingeschnittene Lauchzwiebeln (das Grün mitverwenden)

Das Fett von den Steaks bis auf eine ca. 1 mm dicke Schicht abschneiden, damit sich das Fleisch beim Braten nicht krümmt. Steaks mit Knoblauch einreiben, salzen und pfeffern, den grobgemahlenen Pfeffer mit einer Messerklinge ins Fleisch eindrücken. Steaks bei mittlerer Hitze in Butter auf jeder Seite ca. 4 Minuten braten, auf einer vorgewärmten Platte warmstellen. Jus in der Pfanne schmelzen, Wein zugeben und die Lauchzwiebeln in diesem Gemisch unter Rühren einige Minuten andünsten, dann die Sauce mit den Zwiebeln über die Steaks gießen.

SCALOPPINE AL LIMONE

Scaloppine nennen die Italiener die dünnen Kalbsschnitzel, die sie auf so vielfältige Weise zuzubereiten verstehen. "Al limone", mit Zitronensaft, ist eine der beliebtesten Zubereitungen; hier ist die klassische Sauce leicht abgewandelt.

500 g Kalbsschnitzel, sehr dünn geschnitten
Mehl
2 EL Butter
100 g frische geputzte Champignons, in dünne Scheiben geschnitten
2 geschälte und zerdrückte Knoblauchzehen
2 dl trockener Weißwein
1 EL feingehackte Zwiebel
2 EL feingehackte grüne Paprikaschote
2 EL Zitronensaft
Salz, Pfeffer, Muskatnuß

Die Schnitzel in Mehl wenden, Überschuß abklopfen. Butter in einer auf mittlerer Hitze vorgeheizten Pfanne auslassen, die Knoblauchzehen 1 Minute in der Butter schwenken, herausnehmen und die Schnitzel darin ca. 2 Minuten auf jeder Seite sautieren, herausnehmen und warmstellen.
Zwiebel und Paprika in der verbliebenen Bratbutter anschwitzen, mit Weißwein und Zitrone ablöschen, einige Minuten andünsten, die Champignons zufügen und bei schwacher Hitze weiterkochen, bis die Pilze gar sind und die Flüssigkeit etwa auf die Hälfte eingekocht ist. Sauce mit Salz, Pfeffer und wenig Muskat abschmecken, die Schnitzel vorsichtig darin erwärmen und alles auf einer vorgewärmten Platte oder gleich auf Tellern servieren. Ergibt 2-4 Portionen.

VITELLO ALLA PARMIGIANA

Aus seiner Heimat Parma hat der Parmesankäse einen Siegeszug um die Welt angetreten. Was wäre die italienische Küche ohne diesen König der Käse?

Sauce:
150 g Tomatenmark (Doppeldose)
1,5 dl Wasser
1 TL Butter
1 EL brauner Rohrzucker
1 TL Worcestershire-Sauce
1 TL Streuwürze (Fondor, Aromat)
2 frische Knoblauchzehen, durchgepreßt
1 TL italienische Kräutermischung
1/2 TL Oregano

Alle Zutaten miteinander mischen, unter ständigem Rühren etwas einkochen.

Fleisch:
1 kg Kalbsschnitzel, 1 cm dick geschnitten
2 TL Streuwürze
Pfeffer aus der Mühle
Mehl
2 Eier
Paniermehl
1 dl Olivenöl
50 g geriebener Parmesankäse
250 g Mozzarella-Käse

Die Schnitzel in ca. 5 x 10 cm grosse Stücke teilen. Eier mit Streuwürze gründlich verquirlen, mit Pfeffer abschmecken. Fleischstücke zuerst in Mehl wenden, dann in Ei, schließlich in Paniermehl; Überschuß jeweils abklopfen bzw abtropfen lassen. In der Pfanne im Öl bei mittelstarker Hitze beidseitig bräunen, dann in einer 20 x 30 cm großen flachen Gratinform arrangieren, mit der Tomatensauce übergießen und mit Parmesankäse bestreuen. Mit Alufolie abdecken und eine halbe Stunde lang im 175°C heißen Ofen garen. Folie entfernen, Mozzarella-Käse in Scheiben schneiden und oben auf das Fleisch legen, im Ofen den Käse bei starker Oberhitze schmelzen lassen. Ergibt 6 Portionen.

PORTUGIESISCHES SCHWEINEFLEISCH

Die Portugiesen verstehen es, Schweinefleisch auf unverwechselbare und für uns ungewöhnliche Art zuzubereiten. Die folgenden Rezepte wurden von Annabelle Santos beigesteuert, der Ehefrau eines Knoblauchfarmers portugiesischer Abstammung.

Marinade:
1/4 l Rotwein
1/4 l Wasser
1/8 l Orangensaft
12 frische Knoblauchzehen, geschält und zerdrückt
1 TL gemahlener Kümmel
je 1/2 TL Nelken, Piment und Zimt
1 TL Salz
Pfeffer aus der Mühle

Alle Zutaten gründlich verrühren, einen Schweinebraten (Stück nach Wahl) von ca. 1-1,5 kg Gewicht mindestens 48 Stunden in dieser Marinade ziehen lassen. Fleisch herausnehmen, trockentupfen, dann im Ofen braten oder grillen. Aus der Marinade kann man durch Einkochen in Verbindung mit dem Bratensaft eine köstliche Sauce bereiten.

ANNABELLES SCHWEINEFLEISCH IN ESSIG

3/4 l Wasser
1/4 l Rotweinessig
1 TL Salz
1/2 TL Pfeffer aus der Mühle
6-8 frische Knoblauchzehen, geschält und zerdrückt
1/2 TL Kümmel
1/2 TL Rosenpaprika (scharf)

Verfahren Sie genauso wie oben beschrieben.

ADOBO

Auch auf den Philippinen verstehen die Köche mit Knoblauch umzugehen, wie dieses klassische Schweinefleischrezept von den Inseln im Pazifik beweist.

3 frische Knoblauchzehen, feingehackt
1,5 kg Schweinefleisch in 2 1/2 cm großen Würfeln
15 schwarze Pfefferkörner
1 Lorbeerblatt
1,5 dl Weinessig
6 EL Sojasauce
2 EL Zucker

Alle Zutaten zusammen in einem großen Topf bei schwacher Hitze eine Stunde lang schmoren. Mit Reis und grünem Gemüse servieren. Ergibt 6-8 Portionen.

LAMMKOTELETTS MIT CURRY

Curry und Lammfleisch waren schon immer gute Partner. Hier sind Curry und Knoblauch die Geschmacksbestimmer in einer Grillsauce, die besonders gut zu Lamm paßt.

1 dl Öl
3 EL Zitronensaft
2 EL Zucker
2 TL Currypulver
1 TL Salz
1 EL Zwiebel, feingehackt
1 TL Streuwürze (Aromat o.ä.)
2 frische Knoblauchzehen, durchgepreßt
1/2 TL schwarzer Pfeffer aus der Mühle
8 Lammkoteletts, ca. 2 cm dick

Öl in einem kleineren Topf erhitzen, Zwiebel und Knoblauch weichdünsten, die übrigen Marinade-Zutaten zugeben, aufkochen und 10 Minuten bei schwacher Hitze ziehen lassen.
Lammkoteletts beidseitig dünn mit Öl bepinseln, auf dem Rost 10-12 cm über der Glut zunächst beide Seiten anbraten, dann mit der Sauce bepinseln. Ca. 30 Minuten grillen, öfters umwenden und die Koteletts dabei mit der Sauce bepinseln. Für 4 Personen.

MRS. GUBSERS GEGRILLTES LAMM

Sie werden überrascht sein, was für einen köstlichen Geschmack Lammfleisch von Knoblauch und Rotwein bekommen kann. Entscheidend kommt es dabei auf die Technik an.

12 bis 16 frische Knoblauchzehen, feingehackt
frisches, ausgesuchtes Fleisch von jungem Lamm (Steaks, Koteletts o.ä.)
Salz, Pfeffer
geschmolzene Butter

Knoblauch mit Wein aufgießen und mindestens über Nacht ziehen lassen. Das Fleisch mit der Marinade bepinseln oder darin eintauchen (nicht in der Marinade stehen lassen!) und 8 bis 10 Stunden im Kühlschrank ruhen lassen. Auf dem Rost über Holzkohlenglut grillen. Am besten schmeckt es, wenn Sie Holzkohle von Eichen oder Hickoryholz verwenden und einige Kräuter auf die Glut werfen (z.B. Rosmarin, Salbei). Nach Wunsch das Fleisch während des Grillens mit flüssiger Butter bepinseln, nach dem Grillen erst salzen und pfeffern.

LAMMRAGOUT

Ein herzhafter, klassischer Eintopf mit Fleisch und Gemüse.

1 kg mageres Lammfleisch in Würfeln
1 EL Öl
1 große Zwiebel, gehackt
1 TL Streuwürze (Fondor o.ä)
1 TL Selleriesalz
1 TL Fleischextrakt
3-4 Knoblauchzehen, durchgepreßt
3-4 Minzeblätter
1 Zweig Rosmarin von 10 cm Länge
1 Lorbeerblatt
1/2 l Wasser
500 g Kartoffeln, geschält und geviertelt
3 größere Möhren, geschält und in 5 cm lange Stücke geschnitten
Evtl. dunkler Saucenbinder

In einem großen Schmortopf das Fleisch im heißen Öl von allen Seiten anbräunen; mit Wasser ablöschen, Salz, Kräuter und Gewürze zufügen und zugedeckt bei schwacher Hitze ca. 1 1/2 Stunden garen. Kartoffeln und Möhren zugeben, weitere 40 Minuten garen. Falls erforderlich und gewünscht kann man die Sauce am Schluß mit Saucenbinder leicht andicken.

SCHWEINEFLEISCH MIT GRÜNEM CHILI

Der runde Geschmack von Schweinefleisch vermählt sich in diesem Gericht mit dem charakteristischen scharfen Chili-Aroma von jenseits der mexikanischen Grenze.

1-2 mittelgroße Zwiebeln, grob gehackt
3 frische Knoblauchzehen, feingehackt
Olivenöl
500 g Schweinefleisch in Würfeln (wie für Gulasch)
Mehl, Salz, Pfeffer
1 oder 2 grüne Pfefferschoten, je nach Größe, Schärfe der Früchte und Ihrem Geschmack
3 dl Hühnerbouillon
1 große Tomate, abgezogen und gehackt
evtl. Saucenbinder

Fleischwürfel salzen, pfeffern und in Mehl wenden. Olivenöl im Schmortopf erhitzen, Zwiebel und Knoblauch unter Rühren bräunen, herausnehmen und das Fleisch scharf anbraten, notfalls mehr Öl zugeben. Zwiebel und Knoblauch wieder zufügen, das Ganze mit der Hühnerbrühe löschen. Pfefferschoten zugeben und zugedeckt bei schwacher Hitze garen, bis das Fleisch weich ist. Die letzten zehn Minuten die Tomatenwürfel mitgaren. Mit Salz und Pfeffer abschmekken, evtl. die Sauce mit Saucenbinder andicken.

GÖTTLICHE LAMMHAXEN

Lammhaxen, die sanft und lange in einer pikanten Tomatensauce geschmort werden, sind ein Gedicht.

4 Lammhaxen
Salz, Pfeffer
Mehl
2 EL Pflanzenfett
1/4 l Tomatensauce (aus der Tüte bereitet)
2 mittelgroße Zwiebeln, feingehackt
2 EL Zitronensaft
1 Knoblauchzehe, durchgepreßt
2-3 Blätter Salbei
1/2 TL Oregano (getrocknet)
1/2 TL Selleriesalz

Lammhaxen salzen und pfeffern, in Mehl wenden und im Schmortopf im heißen Fett scharf anbraten. Tomatensauce mit den übrigen Zutaten verrühren, übers Fleisch geben und bei schwacher Hitze 1 1/2 Stunden garschmoren. Falls erforderlich, Flüssigkeit durch Wasser oder Rotwein ergänzen. Reicht für 4 Personen.

WAYNE'S BULGOGI

Fernöstlich marinierte Steaks vom Holzkohlengrill sind die Lieblingsspeise des Knoblauchfarmers Wayne Vessey.

300 g Zucker
3,5 dl Sojasauce
1 dl Sesamöl oder Sonnenblumenöl
1 Bund Lauchzwiebeln, feingehackt
20 frische Knoblauchzehen, zerdrückt
10 dünne Scheiben frische Ingwerwurzel, feingehackt
50 g Sesamkörner
3 EL frischgemahlener Pfeffer
6 Beefsteaks

Die Zutaten für die Marinade gründlich verrühren, die Steaks 6-8 Stunden darin zugedeckt bei Zimmertemperatur ziehen lassen. Steaks über dem Holzkohlenfeuer nach Wunsch grillen. Mit frischgekochtem Reis servieren, die erhitzte restliche Marinade als Sauce dazu reichen.

MÄCHTIG GUTE MOUSSAKA

Diese Variation eines alten Balkanrezepts stammt von Louis Bonesio, der in Gilroy nicht Knoblauch, sondern Wein anbaut und obendrein im Lokalblatt eine Kolumne über gutes Essen und Trinken schreibt.

2 mittelgroße Auberginen
1 dl Sonnenblumenöl
4 EL Olivenöl
1 große Zwiebel, feingehackt
3 frische Knoblauchzehen, feingehackt
500 g Rinderhackfleisch
1/4 l Tomatensauce, aus der Tüte oder selbst hergestellt
1 große Fleischtomate, in Stücke geschnitten
1 Lorbeerblatt
1 EL Honig
1 Prise getrockneter Oregano
schwarzer Pfeffer aus der Mühle
10 große Champignons, in dünne Scheiben geschnitten
1/2 TL gemahlener Zimt
1/2 TL Pimentpulver
250 g Sahnequark
1 dl Rotwein
50 g frischgeriebener Parmesankäse
2 El feingehackte Petersilie

Auberginen der Länge nach in 1 cm dicke Scheiben schneiden, in einer schweren Bratpfanne das Sonnenblumenöl erhitzen und die Auberginenscheiben darin von beiden Seiten bräunen und auf einem Teller bereitstellen. Nun das Olivenöl in der Pfanne erhitzen, Zwiebel und Knoblauch darin andünsten, dann das Hackfleisch darin anbräunen, dabei ständig rühren und etwa vorhandene Fleischklumpen aufbrechen. In einer Kasserolle Tomatensauce mit Tomatenstücken, Lorbeerblatt, Honig und Oregano erhitzen, zehn Minuten köcheln lassen und mit Pfeffer abschmecken. In einer weiteren Pfanne die Pilze in wenig Sonnenblumenöl anbraten, dann die Pilze unter die Fleischmasse mengen.

Eine 20 x 30 cm große Gratinform ölen, den Boden mit der Hälfte der gebratenen Auberginenscheiben belegen, darauf die Fleischmischung verteilen, diese mit Zimt und Piment bestreuen. Daruf kommt nun der Quark, auf den die zweite Hälfte der Auberginenscheiben folgt. Tomatensauce mit dem Wein verrühren und über den Auflauf gießen, diesen mit dem Parmesankäse bestreuen und eine Stunde im 175°C heißen Ofen backen. Vor dem Servieren mit gehackter Petersilie bestreuen. Reicht für 6 Hungrige.

GEFLÜGEL

Schon in alter Zeit wurde Knoblauch zum Würzen von Geflügel verwendet. Die wohl älteste Methode besteht darin, ganze geschälte Knoblauchzehen in die Bauchhöhle der zu bratenden Vögel zu stecken. Die heutigen Köche verfügen dagegen über eine Vielzahl von Zutaten, um Geflügelgerichte zu variieren, und über eine Reihe neuartiger Garmethoden für Hühner und anderes Geflügel. Knoblauch indes ist heute wie damals ein beliebtes Gewürz bei der Zubereitung von Geflügel. Unsere Rezepte geben ein gutes Beispiel der heutigen Bandbreite der Geflügelzubereitung, angefangen von zwei anspruchsvollen Rezepten für Federwild über ein schlichtes Hähnchen mit Knoblauch und Zitrone, das Vierzig-Knoblauchzehen-Huhn bis hin zur Poularde mit Knoblauchglasur.

WACHTELN AUS DEM OFEN

Das Rezept für das bei Feinschmekkern beliebte Wildgeflügel stammt wie auch das folgende von einem der bekanntesten Jäger– und auch Hobbyköche der Stadt Gilroy.

12 pfannenfertige Wachteln
3 dl Sauternes-Wein
4 Eier
1 dl Milch
Paniermehl
Salz, Pfeffer
3 frische Knoblauchzehen, feingehackt
150 g Butter

Die Beine der Vögel mit Zwirn zusammen- und an die Körper binden. Wachteln über Nacht im Wein marinieren; abtropfen und trockentupfen, salzen, pfeffern und mit Knoblauch einreiben. Eier mit der Milch aufschlagen, die Wachteln zuerst in dieser Mischung, dann in Paniermehl wenden; in der Pfanne die Vögel in Butter von allen Seiten anbraten, dann in einen flachen Bräter geben, mit der Bratbutter übergiessen, den Bräter mit Alufolie abdekken und 20 Minuten im 205°C heissen Ofen backen; die Wachteln sind gar, wenn sie sich mit der Gabel zerteilen lassen.

FASAN IN DER TÜTE

1 Fasan, pfannenfertig
Salz, Pfeffer
Butter
4 frische Knoblauchzehen, feingehackt
1 kleinere Zwiebel, feingehackt
1 Tüte aus braunem Packpapier (unbedruckt!)

Fasan innen und außen salzen und pfeffern, außen mit Butter einreiben. Knoblauch und Zwiebel in wenig Butter andünsten, den Fasan damit füllen. Den Vogel in die Tüte stekken, das Ende mit Zwirn zubinden. Auf einem Blech bei 175°C eineinhalb Stunden backen.

KELLYS ASIATISCHE KNOBLAUCH-POULARDE

Bei diesem Gericht lief allen Juroren das Wasser im Mund zusammen, und sie erkannten Kelly Greene einstimmig den ersten Preis im Kochwettbewerb zu. Kellys Rezept ist eine genial einfache Zubereitung, die nur zwanzig Minuten Zeit in Anspruch nimmt. Servieren Sie chinesische Nudeln dazu und nehmen Sie die Komplimente gelassen dankend entgegen!

1 Poularde von 1,5 kg, in Portionsstücke zerteilt, oder die entsprechende Menge Hühnerteile Ihrer Wahl
3 EL Erdnuß-Öl
1 ganze Knolle frischer Knoblauch, die Zehen geschält und grob gehackt
2 kleine getrocknete rote Pfefferschoten (wenn Sie's scharf mögen), feingehackt
2 dl Weißweinessig
1/2 dl Sojasauce
3 EL Honig

Öl in einer großen, schweren Bratpfanne erhitzen, die Hühnerteile bei starker Hitze rundum anbraten. Wenn die Hühnerteile fast braun sind, gibt man Knoblauch und Pfefferschoten hinzu. Hitze reduzieren, mit den zur Sauce verrührten übrigen Zutaten ablöschen und ca. 10 Minuten ziehen lassen, bis die Sauce etwas eingekocht ist (das dauert nur ca. 10 Minuten). Die weißfleischigen Teile zuerst herausnehmen, damit sie nicht trocken werden. Die Hühnerteile sollen von der Sauce regelrecht glasiert sein.

HÄHNCHEN MIT KNOBLAUCH & ZITRONE

Schon der Gedanke an die Kombination von Knoblauch und Zitrone läßt das Wasser im Munde zusammenlaufen. Runden Sie's mit einer Prise Oregano ab und Sie haben eine Geflügelmarinade, die Sie immer wieder verwenden werden.

1,5 dl Zitronensaft (ca. 3 Zitronen ergeben diese Menge)
60 g geschmolzene Butter
3 große Knoblauchzehen, zerdrückt oder feingehackt
1/2 TL getrockneter Oregano
Salz, Pfeffer
2 EL Öl
2 kleinere Brathähnchen oder ein größeres Huhn, zusammen ca. 1,5 kg

Zitronensaft mit Butter, Oregano, Knoblauch, Salz und Pfeffer verrühren. Den Grill des Backofens vorheizen, die Bratenpfanne mit Öl bepinsen, die Hähnchenteile mit der Hautseite unten darauflegen, mit der Sauce bepinseln, die Pfanne auf die unterste Schiene schieben und die Hähnchenteile ca. 25 Minuten grillen, gelegentlich bepinseln. Dann umdrehen und mit der Hautseite oben weitere 20 Minuten grillen, häufig bepinseln. Mit Zitronenschnitzen und Petersilie garnieren.

HÜHNERBRUST MIT ARTISCHOCKEN IN MARSALA

Ein festliches Gericht, dem kräftiger Marsalawein aus Sizilien, Artischocken und Champignons die besondere Note verleihen.

8 frische Knoblauchzehen, feingehackt
150 g Butter
6 Hühnerbrüste, vom Knochen gelöst und ein wenig flachgeklopft
Salz, Pfeffer
2 EL Olivenöl
125 g Champignons, geputzt und in Scheiben geschnitten
1 Dose Artischockenherzen, abgetropft
1 EL Zitronensaft
4 cl Marsala
Petersilie als Garnitur

100 g Butter in einer Pfanne schmelzen und 2/3 vom Knoblauch bei schwacher Hitze darin anschwitzen. Die Hühnerbrüste zufügen und von beiden Seiten bräunen, dann salzen und pfeffern. Hühnerbrüste warmstellen; die restliche Butter, Öl und den restlichen Knoblauch zufügen. Knoblauch bräunen, Pilze zufügen und etwas weichdünsten, dann die Artischocken erhitzen. Gemüse auf der Platte mit dem Huhn anrichten. Zitronensaft und Wein in die Pfanne geben, mit dem Bratensatz verrühren, etwas einkochen lassen und über die Hühnerbrüste gießen. Reichen Sie Reis dazu.

ROSMARINPOULARDE AUS DEM OFEN

Das zarte Aroma von Rosmarin bestimmt den Geschmack, der Knoblauch gibt die Kraft.

1 Poularde von 1,5 kg
Mehl
5 EL Öl
1 Knoblauchzehe, durchgepreßt
Salz, Pfeffer
1 EL frische Rosmarinblätter, gehackt
1 EL Weinessig

Poularde in Portionsstücke zerteilen, in Mehl wenden. 2 EL Öl in einer Bratpfanne erhitzen, die Hühnerteile darin bei starker Hitze rundum bräunen. Einen flachen Bräter mit Öl auspinseln, die Hühnerteile dicht beieinander mit der Hautseite nach unten hineinlegen.
Aus dem restlichen Öl, Knoblauch, Rosmarin, Salz und Pfeffer eine Sauce rühren, die Hühnerteile damit bepinseln und anschließend mit dem Essig beträufeln. Mit Alufolie abdecken und einige Stunden im Kühlschrank ruhen lassen.
Ofen auf 175 °C vorheizen und das Huhn abgedeckt 45 Minuten garen lassen. Folie entfernen, Hühnerteile umdrehen und weitere 20 Minuten bräunen. Ergibt 4 Portionen.

HUHN FILICE MIT 40 KNOBLAUCHZEHEN

Der Chef-Küchenchef der Feinschmeckerstrasse persönlich, Val Filice, steuerte dieses bombige Rezept bei, seine persönliche Version eines chinesischen Rezepts. Die Knoblauchzehen werden nicht geschält. Packen Sie sie an einem Ende mit zwei Fingern, drücken Sie leicht, und schon springt Ihnen der butterweiche Inhalt in den Mund. Durch das Garen wird der Knoblauch übrigens mild im Geschmack.

1 Brathuhn, in Portionsstücke zerteilt
40 frische Knoblauchzehen, ungeschält
1 dl trockener Weißwein
6 cl trockener Wermut
4 EL Olivenöl
2 Stangen Bleichsellerie, in 2,5 cm lange Stücke geschnitten
1 TL getrockneter Oregano
2 EL gehackte Basilikumblätter
1 Bund Petersilie, gehackt (nur Blätter)
1 Zitrone (ungespritzt)
Prise Cayennepfeffer
Salz, Pfeffer

Die Hühnerteile mit der Hautseite nach oben in einen flachen gefetteten Bräter legen, die Knoblauchzehen darüberstreuen. Zitrone dünn abschälen, dann den Saft auspressen. Saft mit Wein, Wermut, Öl, Kräutern, Salz und Gewürzen zu einer Sauce verrühren, das Huhn damit beträufeln. Zitronenschale in Stükke schneiden und obenauf streuen. Bräter mit Alufolie abdecken und bei 175°C 40 Minuten backen. Folie entfernen und weitere 15 Minuten das Gericht bei starker Hitze bräunen.

HUHN AUF MAMAS ART

Ähnlich wie in der klassischen spanischen Paella sind in diesem Gericht Huhn, Bratwurst und Meeresfrüchte aufs angenehmste vereint.

1 dl Olivenöl
4 mittelgroße Zwiebeln
2 Poularden von 1250 g, in Stücke zerteilt
400 g Reis
1/2 l Hühnerbrühe
500 g Miesmuscheln
500 g Grönlandshrimps in der Schale
250 g pikante Schweinsbratwurst
4 große frische Knoblauchzehen
4 Döschen oder Briefchen Safran (gemahlen)
1 dl Sherry
Salz, Pfeffer
Parmesankäse

In einem großen Bräter Öl erhitzen, die Hühnerteile rundum anbraten und dabei leicht bräunen. Huhn herausnehmen, Reis hineingeben und leicht anrösten, dann mit der Hälfte der Hühnerbrühe ablöschen, Huhn wieder zugeben und zugedeckt bei schwacher Hitze garen, bis das Huhn fast fertig ist. Die geputzten Muscheln und die Shrimps zufügen. Knoblauch durchpressen, zusammen mit dem Safran in die restliche heiße Brühe geben, Sherry dazumischen und alles über Reis und Hühnerteile gießen, evtl. mit Salz und Pfeffer nachschmecken. Zugedeckt weitere 10 Minuten dünsten, bis die Muscheln aufgegangen sind.

Muscheln, die nicht aufgegangen sind, herausnehmen und wegwerfen. Vor dem Servieren mit Parmesankäse bestreuen und kurz gratinieren.

NOFRIS KNOBLAUCHHÄHNCHEN

Ein knuspriges Hähnchen aus dem Ofen, dessen besonderes Aroma von Knoblauch und Salbei herrühren, mit denen es gespickt wurde.

1 Brathähnchen
5 Blatt Salbei
5 frische Knoblauchzehen
Salz, Pfeffer
Öl

Huhn innen und außen waschen, mit Küchenkrepp trockentupfen. Die Außenhaut mit den Schnittflächen einer halbierten Knoblauchzehe abreiben. Knoblauchzehen schälen und der Länge nach vierteln, Salbeiblätter in Streifen schneiden. Mit einem spitzen kleinen Messer Einschnitte ins Fleisch machen, jeweils 1/4 Knoblauchzehe und einen Streifen Salbei hineinstecken. Hähnchen salzen und pfeffern, mit Öl bepinseln und auf der flachen Bratpfanne im vorgeheizten Ofen 10 Minuten bei 220°C anbraten, dann weitere 40-50 Minuten bei 180°C garen. Gelegentlich mit Öl oder Butter bepinseln. Vor dem Tranchieren das gebratene Huhn mit der Brust nach unten 10 Minuten auf dem Tranchierbrett ruhen lassen.

DIGGER DAN'S CHICKEN

Huhn in pikanter Tomatensauce
Das Rezept steuerten die Wirtsleute des Restaurants "Digger Dan" in Gilroy bei. Auf ihrer Speisekarte spielt der Knoblauch stets eine besondere Rolle, vor allem natürlich zur Festivalzeit.

1 Poularde von ca. 1,5 kg
4 frische Knoblauchzehen, feingehackt
2 EL Olivenöl
Salz, Pfeffer
1/2 l trockener Weißwein
500 g Tomaten, abgezogen und püriert (oder pürierte Tomaten aus der Dose)
4 EL Butter

Huhn in Viertel teilen. Öl in einem großen Bräter erhitzen, zunächst die Keulen hineingeben und rundum bräunen, dann die Bruststücke zugeben und ebenfalls bräunen, Hitze reduzieren, Huhn salzen und pfeffern, Knoblauch zugeben und alles zugedeckt garen. Hühnerteile herausnehmen und warmstellen, Öl abgießen, den Bratensatz mit dem Weißwein ablöschen, die pürierten Tomaten zugeben, umrühren und die Butter einrühren. Die Hühnerteile in die Sauce geben und einige Minuten erhitzen. Huhn in der Sauce servieren.

GIN-GAR HUHN

Bei diesem ungewöhnlichen Rezept vereinen sich Knoblauch, Ingwer und Yoghurt in einer Grill-Marinade. Das so zubereitete Huhn schmeckt heiß oder kalt. Helen Headlee errang mit dieser Kreation den zweiten Platz im Rezeptwettbewerb.

250 g Joghurt
8 frische Knoblauchzehen
3 dünne Scheiben von der Ingwerwurzel
1 1/2 TL Chilipfeffer oder scharfer Paprika
1 1/2 TL Salz
1Poularde von ca. 1250 g, zerteilt, oder die entsprechende Menge Hähnchenteile

Knoblauch und Ingwer mit dem Joghurt im Mixer pürieren, Salz und Chilipfeffer zugeben. Hühnerteile in eine Schüssel plazieren und mit der Joghurtmarinade übergiessen und zugedeckt im Kühlschrank 12-24 Stunden ziehen lassen. Die Hühnerteile auf dem Rost überm Holzkohlenfeuer grillen. Heiß oder kalt mit Zitronenschnitzen servieren.

NEHLS' SAFRANHUHN

Safran ist fast so teuer wie Gold. Man sollte das kostbare Gewürz daher für ganz besondere Zubereitungen reservieren. Die Gäste von Mrs. Nehls, die das Rezept beisteuerte, sind jedenfalls stets begeistert und tunken den letzten Rest der Sauce mit einem Stückchen Baguette auf.

1 Poularde von ca. 1250 g
Salz·
4 EL Olivenöl
4 frische Knoblauchzehen, geschält und halbiert
2 Lorbeerblätter
1 kleiner Zweig Estragon
1 kleiner Zweig Thymian
2-3 Blätter Salbei
3-4 Döschen oder Briefchen Safran, gemahlen
Salz, Pfeffer aus der Mühle
500 g Tomaten, abgezogen und geviertelt
20 reife Oliven
1/4 l Sauternes-Wein oder deutsche süße Spätlese
1/4 l Hühnerbrühe

Poularde zerteilen und salzen. Öl in einem Bräter erhitzen, Hühnerteile rundum scharf anbraten, bis sie leicht gebräunt sind. Mit Wein und Hühnerbrühe ablöschen, Hitze reduzieren, Kräuter und Gewürze zugeben, dann Tomaten und Oliven. Ca. 1 Stunde zugedeckt bei schwacher Hitze garen, bis das Huhn weich ist. Hühnerteile herausnehmen und warmstellen, Sauce abpassieren und auf die Hälfte einkochen, die Oliven wieder zufügen, Sauce über das Huhn gießen und servieren.

ATEMBERAUBENDES HUHN CACCIATORE

Cacciatore ist italienisch und bedeutet soviel wie "nach Jägerart". Dieses Huhn duftet aber so verführerisch, daß Sie den Gästen damit bestimmt nicht nachzujagen brauchen.

1 Poularde von 1250 g, zerteilt
3 EL Öl
2 mittelgroße Zwiebeln, in Scheiben geschnitten
3 frische Knoblauchzehen, feingehackt
500 g Tomaten, abgezogen, frisch oder aus der Dose
1/4 l Tomatensauce aus der Tüte
1 TL Salz
1 TL getrockneter Oregano
1/2 TL Selleriesamen
Pfeffer aus der Mühle
250 g Mozzarella-Käse, grob geraspelt

Öl in einer schweren Bratpfanne erhitzen, Hühnerteile rundum anbräunen, herausnehmen und auf Küchenkrepp abtropfen. Im restlichen Öl Zwiebel und Knoblauch weichdünsten. Tomaten, Tomatensauce, Kräuter und Gewürze zugeben, umrühren, aufkochen und eine halbe Stunde lang sanft ziehen lassen, dann Sauce durch ein Sieb streichen. Hühnerteile in eine 1 1/2-Liter-Auflaufform legen, mit der Sauce übergießen und zugedeckt bei 180°C 30 Minuten backen. Abdecken und mit dem Käse bestreuen, bei starker Oberhitze gratinieren, bis der Käse geschmolzen ist. Servieren Sie dieses Huhn Cacciatore mit Stolz.

HUHN PIZZAIOLA

So viele wunderbare italienische Gerichte kann man mit der klassischen Pizzaiola-Sauce aus Tomaten und Kräutern bereiten. Alle sind sie köstlich, solange genug Knoblauch dabei ist.

1 Poularde von 1250 g, zerteilt
50 g Butter
2 TL Streuwürze (Aromat oder Fondor)
1 TL italienische Kräutermischung
2 durchgepreßte Knoblauchzehen
Salz, Pfeffer
1/4 l Milch
250 g Tomaten, abgezogen und püriert (frisch oder aus der Dose)
Saucenbinder

Einen großen Bräter erhitzen, Butter hineingeben und die Hühnerteile von allen Seiten anbraten. Gewürze, Milch und Tomaten miteinander verrühren, über das Huhn geben, aufkochen und zugedeckt bei schwacher Hitze 45 Minuten köcheln lassen. Huhn herausnehmen und auf einer Platte anrichten, Sauce unter Rühren etwas einkochen. Falls erforderlich mit etwas Saucenbinder andicken, nochmals abschmecken und über das Huhn gießen.

GILROY PAPRIKA-HUHN

Die Ungarn mögen nicht nur Paprika, sondern auch Knoblauch, besonders, wenn er sich wie hier mit Paprika und Sauerrahm verbindet. Was gibt's dazu? Natürlich Butternudeln!

1 Poularde von 1250 g, zerteilt
Mehl
2 TL Streuwürze (Fondor o.ä.)
1 1/2 TL scharfer Rosenpaprika
2 durchgepreßte Knoblauchzehen
Pfeffer aus der Mühle
1 dünne Scheibe von der Ingwerwurzel, feingehackt
5-6 feingehackte Basilikumblätter
Spur Muskatnuß
2 EL Butter
2 EL Pflanzenfett
5 cl Sherry
2 TL Worcestershire-Sauce
1 TL gekörnte Hühnerbrühe
100 g geputzte, in Scheiben geschnittene Champignons
250 g Sauerrahm

Hühnerteile salzen und pfeffern, in Mehl wenden. Butter und Pflanzenfett in einem großen Bräter erhitzen, Hühnerteile rundum anbraten. Sherry und Worcestershire-Sauce mit Gewürzen, Kräutern und gekörnter Brühe verrühren und über das Huhn gießen. Bei schwacher Hitze zugedeckt 45 Minuten schmoren, bis das Huhn gar ist. Falls erforderlich während des Garens etwas Wasser zugeben. Nach 30 Minuten die Pilze zugeben. Wenn das Huhn gar ist, Huhn und Pilze herausnehmen und auf einer Platte warmstellen. Bratensatz mit Sauerrahm ablöschen, erhitzen, aber nicht aufkochen. Sauce mit Salz, Pfeffer und Paprika nachschmecken und über das Huhn giessen. (Für 4 Personen)

HUHN BRASILIANISCH

Knoblauch wird in der Küche fast aller Nationen verwendet. Dieses Rezept ist brasilianisch inspiriert, die Wurzeln der brasilianischen Küche liegen in Afrika. In allen Ländern gehört eben Knoblauch zum Essen!

5 frische Knoblauchzehen
Salz
2 mittelgroße Zwiebeln, feingehackt
1 mittelgroßes Brathuhn, zerteilt
2 EL Öl
3 große Tomaten, abgezogen, entkernt und geviertelt
3 El feingehackte Paprikaschote
1 Spritzer Tabasco-Sauce
Pfeffer aus der Mühle
2 EL feingehackte Petersilie
500 g Maiskörner (aus der Dose)

2 Knoblauchzehen pellen und im Mörser mit 1/2 TL Salz zerreiben; die Hälfte der Zwiebel dazugeben und alles zu einer Paste verreiben. Mit dieser Paste die Hühnerteile bestreichen und zugedeckt im Kühlschrank über Nacht ruhen lassen. Öl in einer Bratpfanne erhitzen und die Hühnerteile rundum anbraten, herausnehmen und beiseitestellen. Die übrigen 3 Knoblauchzehen fein hacken und mit der restlichen Zwiebel zusammen andünsten. Huhn wieder zugeben, Pfanne zudecken, Hitze reduzieren und 10 bis 15 Minuten garen, gelegentlich umrühren. Tomaten, Paprikaschote, Tabasco und Pfeffer zugeben, mit Salz abschmecken und zwanzig Minuten köcheln lassen. Maiskörner und Petersilie einrühren und weitere 10 Minuten garen. Mit Reis servieren.

FRANKO-SYRISCHES HUHN

Wie der Name schon sagt, vereinigt dieses Rezept Elemente der französischen und der syrischen Küche.

1 Poularde von 1250 g, zerteilt
5 frische Knoblauchzehen
2 große Zitronen
2 EL Öl oder Butterschmalz
1/4 l trockener Weißwein
50 g Pinienkerne
1 EL gehackte Petersilie
Salz, Pfeffer

Von den Hühnerteilen die Haut abziehen. 3 Knoblauchzehen durch die Presse drücken und die Hühnerteile damit einreiben. Zehn Minuten ziehen lassen, dann das Huhn mit dem Saft einer Zitrone beträufeln, 20 Minuten ruhen lassen. Hühnerteile herausnehmen, abtropfen und mit Küchenkrepp trockentupfen. In einem Bräter Öl oder Schmalz erhitzen, die Hühnerteile mit den Keulen beginnend rundum anbraten. Mit Wein und Marinade löschen, aufkochen und bei schwacher Hitze zugedeckt 25 Minuten garen. Währenddessen die Pinienkerne bei 180°C im Backofen oder in etwas Butter oder Öl in der Pfanne vorsichtig bräunen. Das Huhn herausnehmen und auf einer Platte warmstellen, sobald es gar ist. Die restlichen beiden Knoblauchzehen durchpressen und mit dem Saft der zweiten Zitrone in den Bräter geben, die Sauce unter ständigem Rühren bei stärkster Hitze fünf Minuten lang einkochen. Pinienkerne in die Sauce einrühren, wenn nötig mit Salz und Pfeffer nachschmecken.
Die Hühnerteile mit der Sauce nappieren und mit Petersilie bestreuen.

POLLO AL AJILLO

Die Sauce wird bei dieser lateinamerikanischen Hühnerzubereitung mit Sherry vollendet.

2 mittelgroße Brathühner, zerteilt
2 dl Olivenöl
10 frische Knoblauchzehen, feingehackt
1 große Zwiebel, feingehackt
2 dl Sherry
Saucenbinder
Salz, Pfeffer

Im großen Bräter das Öl erhitzen, die Hühnerteile nacheinander anbraten und dann bei schwacher Hitze zugedeckt garen, bis das Fleisch weich ist. Huhn herausnehmen und auf einer Platte warmstellen. Im Bräter Zwiebel und Knoblauch andünsten, mit dem Sherry löschen, einige Minuten leicht kochen lassen, dann ein wenig mit Saucenbinder andicken. Hühnerteile wieder zugeben und weitere 5 bis 10 Minuten ziehen lassen. Mit Salz und Pfeffer abschmecken.

HUHN MIT WERMUT UND KNOBLAUCH

"Gesellt sich Wermut zum Knoblauch, braucht man sich keine Gedanken über auszuatmende Knoblauchdünste zu machen" versichert der Einsender, in dessen Familie dieses Rezept seit siebzig Jahren gehütet wird. Tatsächlich ist es so, daß Knoblauch seine Schärfe verliert, wenn er wie hier im Ganzen mehrere Stunden lang gegart wird. Er wird dabei butterweich und bekommt einen nußartigen Geschmack

1 große Zwiebel, feingehackt
2 Mohrrüben, gewürfelt
2 Stangen Bleichsellerie, gewürfelt
2 Zweige glattblättrige Petersilie, feingehackt
1 kleines Teltower Rübchen, gewürfelt
4 Hähnchenkeulen am Knochen
4 halbe Hühnerbrüste, vom Knochen gelöst
1 dl Distel- oder Sonnenblumenöl
30 frische Knoblauchzehen, geschält
1/4 l trockener Wermut

Gemüse und Kräuter in einer grossen Schüssel miteinander vermischen. Hühnerteile enthäuten, mit einem feuchten Tuch abtupfen. Öl in einer schweren Bratpfanne erhitzen, und die Hühnerteile rundum bräunen, Die Keulen brauchen dabei länger als die Brüste. Auf den Boden einer Auflaufform die Hälfte vom Gemüse und die Hälfte vom Knoblauch verteilen. Darauf kommen die Hühnerteile, die wiederum mit dem Rest des Gemüses bedeckt werden. Mit dem Wermut begießen, mit Alufolie abdecken und mit dem passenden Deckel beschweren. Der Verschluß muß so dicht wie möglich sein. Im Backofen bei 165°C zwei Stunden garen, ohne zwischendurch die Form zu öffnen. Reichen Sie knuspriges Weißbrot dazu, auf das man die butterweichen Knoblauchzehen streichen kann. Köstlich! Der Rezepteinsender empfiehlt dazu einen kalifornischen Chablis.

ONKEL HUGOS HUHN

Onkel Hugo mag sein Huhn am liebsten mit einer knusprigen Knoblauchkruste, dazu knackigen grünen Salat und knuspriges Baguette mit Knoblauchbutter. Sie mögen es sicher auch.

100 g Paniermehl
100 g geriebener Parmesankäse
1 Bund Petersilie, feingehackt
1/2 TL Salz
Pfeffer aus der Mühle
3 frische Knoblauchzehen, feingehackt
80 g Margarine oder Butter
1 Poularde von 1250 g, zerteilt

Paniermehl, Parmesan, Petersilie, Salz und Pfeffer vermischen. Bei schwacher Hitze Margarine oder Butter mit dem Knoblauch zerlassen, die Hühnerteile damit bepinseln und dann in der Paniermischung wenden. Das panierte Huhn auf ein ungefettetes Backblech legen, mit der Hautseite nach oben. Restliche Paniermischung mit der restlichen Knoblauchmargarine vermischen und diese Mischung über die Hühnerteile streuen. Bei 175°C im Backofen 1 Stunde backen; wenn Sie das Huhn sehr knusprig mögen, noch eine Viertelstunde länger.

HUHN IN BURGUNDER

Die Kraft des Burgunderweins verbindet sich in der Sauce dieses Gerichts mit grünem Paprika und Champignons.

2 mittelgroße Brathühner, zerteilt
Mehl
4 EL Öl
1/4 l Tomatensauce (aus der Tüte)
1 dl roter Burgunderwein
Salz, Pfeffer
Prise Oregano
4 frische Knoblauchzehen, feingehackt
3 grüne Paprikaschoten, entkernt und in Streifen geschnitten
500 g Champignons, geputzt und in Scheiben geschnitten
1 Bund Petersilie, gehackt
geriebener Parmesankäse

Hühnerteile in Mehl wenden. Öl in einer Pfanne erhitzen, die Hühnerteile rundum anbraten. Tomatensauce mit Wein, Salz, Pfeffer und Oregano vermischen. Die gebräunten Hühnerteile in eine ofenfeste Kasserolle geben, in der Pfanne den Knoblauch kurz andünsten, Paprikaschoten und Pilze zugeben und fünf Minuten pfannenrühren, dann mit der Tomatensaucenmischung löschen; 3-4 Minuten köcheln, dann die Mischung über das Huhn gießen. Mit Folie abdecken und 45 Minuten im Ofen bei 175°C backen. Mit Petersilie und Parmesankäse bestreuen und servieren.

HUHN IN SAHNIGER PILZSAUCE

Knoblauch, Sahne und Pilze machen aus diesem Huhn ein Festessen.

50 g Butter
2 EL Öl
1 Poularde von 1250 g, zerteilt
30 Zehen frischer Knoblauch, geschält und gehackt
1 feingehackte Zwiebel
1/4 l trockener Weißwein
4 EL Wasser
4 EL Milch
1 TL Salz
Pfeffer aus der Mühle
1/2 TL Cayennepfeffer
500 g geputzte und in Scheiben geschnittene Champignons
3 Eigelb
1/4 l Sahne

Einen großen Bräter erhitzen, Öl und Butter hineingeben und die Hühnerteile rundum anbraten, herausnehmen und beiseitestellen. Knoblauch und Zwiebel hineingeben und weichdünsten. Mit Wein, Wasser und Milch ablöschen und aufkochen, mit Salz, Pfeffer und Cayenne abschmecken. Hühnerteile und Pilze zugeben. Zugedeckt bei schwacher Hitze etwa eine Stunde garen. Huhn herausnehmen und auf einer Platte warmstellen. Champignons mit der Schaumkelle herausholen und auf der Platte mit dem Huhn anrichten. Sahne mit den Eigelben aufschlagen. Unter ständigem Schlagen erhitzen, bis die Sauce eine cremige Bindung angenommen hat (nicht mehr aufkochen!). Sauce nachschmecken, einen Teil über das Huhn löffeln, den Rest in einer Sauciere reichen. Zu diesem Huhn paßt körniger Reis am besten.

KNOBLAUCHGLASIERTES HUHN FÜR DIE GROSSE PARTY

Ein Gedicht von Gericht, das allen Gästen zusagt. Da langt jeder ein zweites Mal hin!

40 Hühnerviertel
Salz, Pfeffer
2 gehäufte EL Knoblauchpulver
2 Liter Hühnerbouillon
2 Gläser Aprikosen- oder Pfirsichmarmelade (à 450 g)
1/2 l Weißwein

Hühnerteile salzen und pfeffern und in einen großen Bräter legen. Knoblauchpulver in der Hühnerbrühe auflösen, Hühner damit begießen, im Ofen bei 175°C eine Stunde garen. Wein mit Marmelade verrühren, die Mischung über die Hühner gießen und im 205°C heißen Ofen 15-20 Minuten glasieren, dabei mehrmals die Sauce über die Hühner gießen, so daß die Teile eine regelrechte Glasur bekommen. Reicht für zwanzig hungrige Gäste.

MEERES-FRÜCHTE

Bei Festgelagen in der Renaissancezeit wurden zuweilen die Gäste aufgefordert, aus dem Stegreif Lobeshymnen auf den Knoblauch zu dichten. Wenn Sie einige Gerichte aus diesem Kapitel gekostet haben, werden Sie sicherlich sogleich Ihre eigenen Oden komponieren. Barsch, Forelle, Tintenfisch und Scampi, Muscheln und Lachs gehören zu den Meeresfrüchten, die durch die Zubereitung mit Knoblauch der Lobpreisung eines Dichters würdig werden.

CALAMARI A LA FESTIVAL

Die Zubereitung von Tintenfisch ist sicherlich eine der größten Attraktionen auf dem Knoblauchfestival von Gilroy. Allenfalls das Kosten dieser Meeresfrüchte ist noch verlockender. "Über riesigen Töpfen schwitzend, kippten Filice und seine Crew kistenweise Tintenfisch, schaufelweise Knoblauch und eimerweise frische Tomaten in die Riesentöpfe...."

1,5 kg Calamari (weißer Tintenfisch, Sepia), geputzt und in Ringe geschnitten
1 dl Olivenöl
1/2 dl Weißwein
1/2 dl Sherry
1 EL zerdrückter frischer Knoblauch
1/2 ungespritzte Zitrone
1 EL frisches Basilikum, gehackt
1 EL frischer Oregano (oder 1 TL getrockneter)
1 Prise Cayennepfeffer
Rote Sauce (siehe unten)

Öl in einer großen schweren Bratpfanne erhitzen, Knoblauch andünsten, mit Wein und Sherry löschen. Abgeschälte Schale und Saft der Zitrone zugeben, die Kräuter darüberstreuen und Calamari zugeben, ca. 4 Minuten bei starker Hitze pfannenrühren. Rote Sauce darübergeben und 1 Minute lang köcheln.

Rote Sauce:
500 g Tomaten, abgezogen und durchpassiert, frisch oder aus der Dose
1 EL Olivenöl
1/2 grüne Paprikaschote, feingehackt
1 Stange Bleichsellerie, feingehackt
1 mittelgroße Zwiebel, feingehackt
3 frische Knoblauchzehen, feingehackt
Salz, Pfeffer

Öl in einer Kasserolle erhitzen, die gehackten Zutaten unter Rühren weichdünsten, die pürierten Tomaten zugeben und eine halbe Stunde auf kleinem Feuer kochen lassen, gelegentlich umrühren, mit Salz und Pfeffer abschmecken.

SCAMPI IN BUTTERSAUCE

Scampi in einer knoblauchduftenden buttrigen Sauce sind ein weiterer Schlager aus der Feinschmeckerstraße des Festivals. Ebenso wie Scampi (Kaisergranat) lassen sich verwandte Schalentiere, z.B. Riesengarnelen, zubereiten.

Buttersauce:
250 g Butter
1 EL feingehackter frischer Knoblauch
2 EL Mehl
1/4 l Fischfond, ersatzweise Hühnerbrühe
Saft von 1/2 Zitrone
1 dl Weißwein
Salz, Pfeffer, Muskatnuß
1 dl Sahne
1EL gehackte Petersilie
1 EL gehacktes Basilikum

Butter in einer Kasserolle bei mäßiger Hitze zerlassen, Knoblauch zugeben und ein wenig ziehen lassen. Mit dem Mehl überstäuben, gründlich umrühren. Fischfond mit Wein und Zitronensaft vermischen, diese Mischung erst in ganz kleinen, später größeren Mengen der Butter-Knoblauch-Mehlmischung unter ständigem Rühren zufügen. Jeweils warten, bis die Masse wieder gleichmäßig ist, ehe Sie weitere Flüssigkeit zugeben. Aufkochen lassen, dabei gelegentlich umrühren. Die Sahne zugeben, mit Salz, Pfeffer und Muskat abschmecken, am Schluß Petersilie und Basilikum unterrühren.

Scampi:
2 EL Butter
1 dl Olivenöl
1 EL gehackter frischer Knoblauch
1 EL gehackte Petersilie
Prise Cayennepfeffer
1 EL gehacktes frisches Basilikum
1/2 dl Weißwein
2 cl trockener weißer Wermut
Salz, Pfeffer
1,5 kg Scampi

Die Schwänze der Scampi ausbrechen, den schwarzen Darm herausziehen.
Butter und Öl in einer Kasserolle erhitzen, die übrigen Zutaten zugeben, unter Rühren erhitzen, die Scampi zugeben und unter ständigem Rühren ca. 5 Minuten garen. Auf einer Platte anrichten, mit der Knoblauch-Butter-Sauce nappieren.

ROTBARSCH MIT MANGOLD

Das in Europa seit langem beliebte Gemüse erfreut sich auch in Amerika zunehmender Wertschätzung. In dieser und ähnlichen Zubereitungen helfen die grünen Blätter mit, den Fisch beim Garen vor dem Austrocknen zu schützen.

2 EL Olivenöl
1 Rotbarsch von ca. 2 kg, geschuppt und ausgenommen
Salz, Pfeffer
500 g Mangold
4 frische Knoblauchzehen, feingehackt
2 mittelgroße Zwiebeln, gehackt
1 kg Tomaten, abgezogen und grob gehackt

Barsch salzen und pfeffern, mit dem Öl in einen Bräter oder eine Kasserolle geben, mit den grob zerschnittenen Mangoldblättern, den Zwiebeln und dem Knoblauch bedecken, die Tomaten drum herum verteilen. Zugedeckt im Ofen bei 175°C eineinhalb Stunden garen, Deckel abnehmen und noch eine halbe Stunde garen. In der Kasserolle servieren.

SAFTIGE GEDÜNSTETE GARNELEN

Das Aroma von Knoblauch paßt ausnehmend gut zum Geschmack von Garnelen oder Shrimps, aus welchem Meer sie auch kommen mögen.

500 g Grönlandshrimps in der Schale oder 250 g ausgelöste Schwänze
50 g Butter
2 EL Zitronensaft
1 EL gehackte Petersilie
1 EL gehackter Schnittlauch
1 TL Estragon
3/4 TL Streuwürze (Fondor o.ä.)
1 durchgepreßte Knoblauchzehe
1/2 TL scharfer Senf
Prise Cayennepfeffer

Garnelen ausbrechen und vom Darm befreien. Butter in der Pfanne zerlassen, Kräuter, Zitronensaft und Gewürze zufügen, Garnelen zufügen und ca. 8 Minuten bei mittlerer Hitze dünsten, also bis das Garnelenfleisch rosa angelaufen ist. Heiß mit körnigem Reis servieren.

INSALATA DI CALAMARI

Die Italiener lieben ihre Tintenfische nicht nur gebacken oder in einer Sauce *ai frutti di mare;* sehr gut schmecken sie auch kalt als Vorspeise, wie hier als pikanter Salat zubereitet.

1 kg weißer Tintenfisch (Calamari), *geputzt und geschnitten*
3 EL Olivenöl
1 Bund Petersilie, feingehackt (nur Blätter)
125 g eingelegte rote Paprikaschoten oder entsprechende Menge gedünstete frische Paprika
6 EL Olivenöl
4 frische Knoblauchzehen
4-6 ungerollte Anchovisfilets, gewaschen und abgetropft
2 Spritzer Worcestershire-Sauce
1/2 TL scharfer Senf
2 EL Rotweinessig
Saft von 1 Zitrone
100 g reife Oliven

3 EL Olivenöl in einer Pfanne erhitzen, den vorbereiteten Tintenfisch hineingeben und unter ständigem Rühren bei mittlerer Hitze knackig gar dünsten, abtropfen und abkühlen lassen.
6 EL Olivenöl in eine große Schüssel geben, 2 Knoblauchzehen durch die Presse ins Öl drücken, die anderen beiden Zehen fein hacken und zugeben; Anchovisfilets im Mörser pürieren und zufügen, Worcestershiresauce, Senf, Essig und Zitronensaft dazutun, alles gründlich zu einer Emulsion verrühren (am einfachsten mit dem Schneebesen), Petersilie und die gehackte Paprikaschote unterrühren, Tintenfisch und Oliven hineingeben und gründlich mit der Sauce anmachen. Calamari-Salat im Kühlschrank zugedeckt mindestens fünf Stunden ziehen lassen, dabei gelegentlich die Zutaten mit der Sauce neu vermengen. Zum Servieren mit Zitronenschnitzen garnieren.

MUSCHELN IN KNOBLAUCHSAUCE

Die Engländer und Iren bevorzugen Muscheln kalt mit Essig, die Rheinländer lieben sie warm, mit Weißwein, Zwiebeln und Speck gedünstet. In Kalifornien ißt man sie am liebsten mit....Knoblauch! Sicher schmeckt auch Ihnen diese einfache Zubereitung.

1 kg Muscheln, geputzt
1 kleinere Zwiebel, in Ringe geschnitten
2 dl Wasser
1 dl Weißwein
4 EL Butter
3 frische Knoblauchzehen, feingehackt
1 TL frischer Thymianblätter
1 EL gehackte Petersilie
1 EL Mehl

Offene und zerbrochene Muscheln aussortieren. Zwiebeln, Wasser und Wein in einem Topf aufkochen, die Muscheln hineingeben und dämpfen, bis sich alle geöffnet haben. Ungeöffnete Muscheln aussortieren, Muschelfleisch auslösen und grob hakken. 3 dl von der Muschelbrühe aufheben. In einer Kasserolle die Butter auslassen, Knoblauch darin anschwitzen, mit dem Mehl bestäuben, gründlich umrühren. In kleinen Mengen unter ständigem Rühren die Muschelbrühe zugeben, zwischendurch immer wieder aufkochen lassen und rühren, bis die Sauce gleichmäßig ist. Am Schluß Muscheln und Kräuter zufügen und kurz erhitzen. Als Sauce zu frischen Teigwaren reichen.

SPIESSCHEN VON JAKOBSMUSCHELN

Bei uns sind Jakobsmuscheln, anders als in den USA, rar und teuer. Man kann sie in diesem Rezept auch durch Stückchen von festem weißen Fischfilet ersetzen, zum Beispiel vom Seeteufel. Jakobsmuscheln dürfen nur ganz gegart werden, wenn sie optimal schmecken sollen.

1 kg ausgelöste Jakobsmuscheln
1 dl Olivenöl
2 EL Zitronensaft
1/2 TL Streuwürze (Aromat o.ä.)
1 durchgepreßte Knoblauchzehe
Pfeffer aus der Mühle
1 Lorbeerblatt
8 Korianderkörner
200 g Champignonköpfe, geputzt

Die geputzten und abgetropften Jakobsmuscheln in eine flache Schale legen. Zitronensaft, Öl und Gewürze in einem Marmeladenglas zu einer Emulsion schütteln, über die Muscheln gießen. Muschelfleisch zugedeckt im Kühlschrank 4–6 Stunden ziehen lassen. Muschelstücke abwechselnd mit den Champignons auf Holzspießchen stecken, unterm Elektrogrill auf der mittleren Leiste ca. 15 Minuten grillen, dabei einmal umdrehen und gelegentlich mit der Marinade bepinseln. Ergibt 6–8 Portionen.

GEDÜNSTETE MEERESFRÜCHTE

Liebhaber von Seegetier schmecken schon beim Lesen das Rezepts, wie köstlich das Gericht mundet.

4 EL Butter
2 EL Olivenöl
250 g rohe Garnelen
250 g Jakobsmuscheln
250 g Königskrabbenbeine in der Schale
1 kleiner Bund Petersilie, feingehackt (nur Blätter)
6 frische Knoblauchzehen, feingehackt
3 gehackte Schalotten
2 EL Weißwein
2 TL Zitronensaft
Salz, Pfeffer
1 EL Sherry

Butter und Öl in einer Kasserolle erhitzen, Meeresfrüchte unter ständigem Rühren dünsten. Sobald die Garnelen sich rosa färben, gibt man die übrigen Zutaten außer dem Sherry hinzu, kocht auf und fügt dann den Sherry hinzu. Mit Zitronenschnitzen garnieren und Reis dazu servieren.

FISCHFILET NEAPOLITANISCH

In der Küche weist "neapolitanisch" stets auf Tomaten, Kräuter und Knoblauch hin. So ist es auch hier.

1 kg Fischfilet (z.B. Seelachs, Rotbarsch)
Salz, Pfeffer
Mehl
4 EL Olivenöl
2 mittelgroße feingehackte Zwiebeln
2 Knoblauchzehen, durchgepreßt
1/4 l Tomatensauce, selbstgekocht oder aus der Tüte
150 g Tomatenmark (Doppeldose)
4 EL Wasser
1 Bund Petersilie, feingehackt (nur Blätter)
1 Messerspitze Zucker
1/2 TL italienische Kräutermischung

Fischfilets salzen, pfeffern und in Mehl wenden, danach bei mittlerer Hitze im Olivenöl in der Pfanne braten, warmstellen. Zwiebel und Knoblauch in der Pfanne anschwitzen, dann die übrigen Zutaten zugeben, gut umrühren und 10 Minuten köcheln lassen. Fisch in der Sauce 5 Minuten erwärmen, mit Zitronenschnitzen garniert servieren. Ergibt 4–6 Portionen.

GEBACKENE FORELLE „MONTBARRY"

Die Einsenderin hat leider nicht verraten, woher der Name für diese Forellenzubereitung stammt. Wir sind ihr für das Rezept trotzdem dankbar.

4 EL Butter
1 EL feingehackte Petersilie
1 TL feingehackte Zwiebel
4 frische Knoblauchzehen, feingehackt
3 gehäufte EL feingehackte frische Champignons
6 Forellen, ausgenommen
Salz, Pfeffer
4 Eigelbe
3 EL Cognac
5 EL weiche Weißbrotkrumen
5 EL geriebener Parmesankäse
Prise Paprikapulver

Eine flache Auflaufform mit 1 EL Butter ausstreichen, den Boden mit einer Mischung aus Petersilie, Zwiebel und Knoblauch bestreuen, darauf die gehackten Champignons streuen. Auf dieses Bett kommen die Forellen zu liegen, die man zuvor gesalzen und gepfeffert hat. Mit zwei EL geschmolzener Butter beträufeln, mit Butterbrotpapier abdecken, das man mit der restlichen Butter eingestrichen hat. 10 Minuten im 205°C heißen Ofen backen. Währenddessen die Eigelbe mit dem Cognac schaumig schlagen. Forellen aufdecken, mit der Ei-Cognac-Mischung begießen, mit Brotkrumen und Parmesankäse und Paprika bestreuen, ca. 2 Minuten bei starker Oberhitze gratinieren, in der Backform auf den Tisch bringen.

WEINSELIGE KNOBLAUCHSHRIMPS

Weißwein ist der Hauptbestandteil dieser aus Los Angeles stammenden Sauce zu Garnelen.

4 EL Butter
3 frische Knoblauchzehen, zerdrückt
250 g frische Champignonköpfe
1 EL Zitronensaft
400 g frische große Garnelen, roh
1/4 l Weißwein
1 EL Stärkemehl, in 2 EL Wasser angerührt
Salz, Pfeffer

Butter in einer großen Bratpfanne zerlassen, Knoblauchzehen und Champignonköpfe andünsten, vorsichtig Zitronensaft und Garnelen zufügen. Falls erforderlich mehr Butter zufügen. Garnelen ca. 1 Minute auf jeder Seite dünsten, bis sie rosa angelaufen sind. Wein zugeben und aufkochen. Vom Feuer nehmen und die angerührte Stärke einrühren. Unter vorsichtigem Rühren erneut aufkochen, bis die Sauce gebunden ist. Mit Salz und Pfeffer abschmecken. Reis dazu servieren.

MUSCHELN AUF KALIFORNISCHE SEEMANNSART

Der Autor des Rezepts läßt es offen, ob man die Pfefferschote zufügt oder nicht. Wir empfehlen es, gibt sie doch dem Gericht Charakter.

2 kg Muscheln
8 frische Knoblauchzehen, feingehackt
6 EL Olivenöl
3 gehäufte EL gehackte Petersilie
2 EL Semmelbrösel
1/4 l Weißwein
1 Pfefferschote, feingehackt

Offene und zerbrochene Muscheln aussortieren. Öl in einem großen Topf erhitzen, Knoblauch andünsten, Weißwein und Pfefferschote zugeben und aufkochen, Muscheln hineingeben und zugedeckt ca. 8-10 Minuten dämpfen, bis sich alle Muscheln geöffnet haben. Mit Semmelbröseln bestreuen, Topf bei geschlossenem Deckel kräftig aufschütteln, so daß sich die Brösel verteilen. Weitere 5 Minuten bei mäßiger Hitze ziehen lassen, bis die Sauce leicht angedickt ist. Ergibt 4 Portionen.

REIS A LA NAJAR

Ein pikantes Risotto mit Garnelen, eine Farbenpracht mit dem Rot der Tomaten und dem Grün frischer Erbsen.

2 EL Maisöl
400 g Langkornreis
3 frische Knoblauchzehen, feingehackt
3 mittelgroße Lauchzwiebeln, feingehackt
1 TL Essig
250 g ausgelöste frische Erbsen
1 l Hühnerbrühe
1 dl Tomatensaft
1 TL scharfer Senf
Salz, Pfeffer
1 EL Thymianblätter (frisch oder 1 TL getrocknete)
4 EL Margarine
500 g gekochtes Shrimpsfleisch (Tiefseegarnelenschwänze)
Gehackte Petersilie und Paprika zum Garnieren

Öl in einer Kasserolle erhitzen, Reis andünsten, Knoblauch, Zwiebeln und Essig zufügen, umrühren. Hühnerbrühe mit Tomatensaft, Essig, Salz, Pfeffer und Thymian vermischen, Reis mit dieser Mischung löschen, Erbsen vorsichtig unterheben. Aufkochen, dann etwa eine halbe Stunde bei schwacher Hitze ziehen lassen, bis der Reis weich ist, aber noch Biß hat. Shrimps obenauf streuen, mit Margarineflocken, Petersilie und Paprika bedecken, das Ganze zugedeckt noch 10 Minuten ziehen lassen. Ergibt 6–8 Portionen.

LACHSSTEAKS MIT KRÄUTERN

Bei einem so edlen und delikaten Fisch muß man mit den Gewürzen vorsichtig umgehen. Unsere Mischung ist vorsichtig ausbalanciert, um den Geschmack des Lachses nicht zu überdecken.

100 g geschmolzene Butter
2 TL Zitronensaft
1 EL Estragonblätter (frisch)
1 Knoblauchzehe zerdrückt
1/2 TL Majoran (getrocknet)
1/2 TL geriebene Zitronenschale
Cayennepfeffer, Salz
6 Lachssteaks

Geschmolzene Butter mit Salz, Kräutern und Gewürzen vermischen. Lachsschnitten auf den Grillrost legen, mit der Hälfte der Würzbutter bepinseln und auf der mittleren Leiste unterm Elektrogrill ca. 7 Minuten garen. Umdrehen, mit der restlichen Butter bepinseln und nochmals 7 Minuten von der anderen Seite grillen. Mit Zitronenschnitzen und Petersilie garnieren.

PIKANTER FISCH AUS DEM OFEN

Diese Marinade eignet sich dazu, größere Fische zu würzen, die im ganzen im Ofen gegart werden sollen. Die Menge reicht für einen Fisch von ca. 2 Kilo aus.

1 ganzer Fisch von 2–2,5 kg (z.B. Rotbarsch, Kabeljau)
2 EL Apfelsaft
4 EL gehackte Zwiebel
2 EL Öl oder geschmolzene Butter
2 EL Zitronensaft
2 EL Sojasauce
2 frische Knoblauchzehen, durchgepreßt
1 EL Worcestershire-Sauce
Salz, Pfeffer
Zitronenschnitze und Paprika zum Garnieren

Fisch ausnehmen, schuppen, innen und außen waschen und trockentupfen, in einen geölten Bräter legen. Übrige Zutaten im Marmeladenglas zu einer sämigen Sauce schütteln und über den Fisch gießen. Mindestens eine Stunde ruhen lassen, dann im 205°C heißen Ofen etwa eine halbe Stunde garen. Mit Paprika und Zitronenschnitzen garniert servieren.

GEBACKENER KABELJAU AUF GILROY-ART

Diese Fischkasserolle mit Tomaten und Kartoffeln ist für sich allein eine komplette Mahlzeit. Reichen Sie einen grünen Salat und einen frischen Weißwein dazu.

1,5 dl Öl
4 frische Knoblauchzehen, zerdrückt
1 Bund Petersilie, feingehackt
6 mittelgroße, möglichst neue Kartoffeln
2 Lauchzwiebeln, feingehackt
Salz
1 kg Kabeljaufilet

Zum Garnieren:
1 große Fleischtomate
1 Zitrone
Petersilie

Öl, Knoblauch und gehackte Petersilie vermischen. Kartoffeln schälen und in 5 mm dicke Scheiben schneiden, mit der Hälfte der Ölmischung und den Zwiebeln vermischen. Den Boden einer 20 x 30 cm großen Gratinform mit den Kartoffelscheiben belegen, nicht zu knapp salzen. Kartoffeln im 230°C heißen Ofen 20 Minuten backen, herausnehmen und mit dem Fischfilet bedecken. Den Fisch mit der restlichen Öl-Knoblauch-Petersilienmischung begießen, salzen und das Ganze weitere 15 Minuten im Ofen garen. Mit dünnen Tomatenscheiben, Zitronenschnitzen und Petersilie garnieren.

FORELLE KANTONESISCH

Dieses Rezept ist nicht ganz original chinesisch, steht jedoch in der Tradition der südchinesischen Küche. Auf jeden Fall ist die Zubereitung einer guten Forelle würdig.

2 große Forellen
4 Lauchzwiebeln
4 frische Knoblauchzehen, feingehackt
4 dünne Scheiben Ingwerwurzel
2 EL Sojasauce
4 dünne Zwiebelscheiben
4 EL Schmalz
4 große Tomaten
Salz, Pfeffer
4 EL Wasser

Forellen ausnehmen und einige Male quer einschneiden, in eine flache gefettete Kasserolle legen. Etwas Knoblauch in die Einschnitte in der Forelle legen, den Rest mit den gehackten Zwiebeln mischen und über die Fische streuen. Ingwer in feine Streifen schneiden und auf die Fische legen. Sojasauce darüberträufeln. Zwiebelringe im Kreis um die Fische arrangieren, Tomaten vierteln und ebenfalls um die Fische herum anordnen. Alles mit Salz und Pfeffer bestreuen, mit Wasser beträufeln. Mit Alufolie dicht abdecken und 1 Stunde bei 175°C garen. Folie abnehmen, Fische begießen und noch 1/2 Stunde bei 135°C zugedeckt weitergaren. Mit gedämpftem Reis servieren.

DIES & DAS

Dem alten Volksglauben zufolge gibt es nichts, was Knoblauch nicht heilen könnte. Das duftende Zwiebelgewächs schützte gegen alle Übel, vom Zahnweh und dem Schnupfen angefangen bis hin zu blutrünstigen Vampiren. Gewiß muß heute einiges davon im Lichte exakter Forschungen ins Reich des Aberglaubens verwiesen werden. Gegen ein gefürchtetes Problem wirkt Knoblauch jedoch totsicher: gegen die Ratlosigkeit, die selbst die besten Köche in der Küche manchmal überkommt. Das Aroma des Knoblauchs weckt die Geschmacksnerven, verbannt Langeweile und belebt auf fast unendlich vielfache Weise jede Art von Gericht, von sauren Pickles über Popcorn bis zu Knoblauchpralinen mit Schokoladenüberzug. Diese Rezepte inspirieren zu kulinarischer Kreativität.

REZEPTE, SCHNELL UND EINFACH

Knoblauch eignet sich zu allen Gerichten, man muß ihm nur die Chance lassen. Seien Sie schöpferisch. Knoblauch und Rühreier? Ein träger Appetit kommt morgens in Schwung. Würzen Sie Suppen und Salate mit Knoblauch auf Toast als deftigen Imbiß zum zweiten Frühstück.

Eine Hausfrau sandte ein Rezept zum Wettbewerb ein, das sich in ihrer Familie als Heilmittel gegen Erkältungskrankheiten jeder Art bewährt haben soll: Bestreichen Sie getoastete Hälften von englischen Muffins (das sind eine Art Hefe-Milch-Brötchen) mit Butter und gehacktem Knoblauch. Darauf kommt geriebener Käse, darauf nochmal gehackte Knoblauchzehen.

Lassen Sie den Käse unterm Grill schmelzen; streuen Sie gehackte Petersilie oben auf diese Brötchen, oder essen Sie Petersilie extra dazu. Ob diese Knoblauch-Käse-Brötchen nun den Schnupfen wirksam bekämpfen oder nicht, ihr Geschmack ist auf jeden Fall geeignet, dem Appetit auf die Sprünge zu helfen.

Eine andere Einsenderin schlägt vor, drei Knoblauchzehen vor den Getreideflocken zu essen. "Die Flokken nehmen der Knoblauchfahne die Spitze", sagt sie. Sie nimmt den Knoblauch als Medizin gegen hohen Blutdruck.

SABRINAS KNOBLAUCH-SOUFFLÉ

Mit diesem Rezept erreichte die jüngste Teilnehmerin am Rezeptwettbewerb die Endausscheidung der letzten zehn. Das Souffle ist eine interessante Beilage oder ein verlockender Bestandteil eines großen Sonntagsfrühstücks.

50 g Butter
1 Dose (300 g) Selleriecremesuppe
1 dl Milch
1 1/2 TL Salz
1/4 TL weißer Pfeffer
250 g geriebener Cheddarkäse
2 TL Zitronensaft
3 Eier
100 g feingehackter Knoblauch

Butter in einer Kasserolle zerlassen, Suppe, Milch, Salz und Pfeffer zufügen, erhitzen und glattrühren. Käse und Zitrone unterrühren. Vom Feuer nehmen, die schaumig geschlagenen Eier und den Knoblauch unterheben. In eine gefettete Auflaufform von 1,5 l Inhalt füllen und bei 175°C 50 Minuten backen.

Anm.: Die Selleriecremesuppe, die in diesem Rezept gemeint ist, ist dazu gedacht, mit der gleichen Menge Wasser zur tischfertigen Suppe verdünnt zu werden. Das müssen Sie berücksichtigen, wenn Sie dieses Rezept etwa mit einer Trockensuppe als Basis realisieren wollen. Sie müssen also dazu eine für 0,6 Liter gedachte Menge Suppenpulver mit 0,3 Liter Flüssigkeit zubereiten, um auf die gewünschte Konsistenz zu kommen. Ansonsten kann man auch 2 EL Butter und 2 EL Mehl anschwitzen und mit 0,3 Liter Milch eine dicke Bechamelsauce als Basis bereiten. Sie wird mit weißem Pfeffer, Selleriesalz und Muskatnuß gewürzt.

SONNENBLUMEN-SNAPS

Eine leckere Knabberei, die im Nu bereitet ist. Man kann die gerösteten Sonnenblumenkerne mit dem Knoblaucharoma auch auf Suppen und Salate streuen.

1 EL Öl
300 g rohe enthülste Sonnenblumenkerne
8 Zehen frischer Knoblauch, gehackt
1 Prise Salz
1 EL Sojasauce

Öl in einer Bratpfanne erhitzen, Knoblauch und Sonnenblumenkerne darin anrösten. Sobald die ersten Kerne zu bräunen beginnen, reduziert man die Hitze und röstet vorsichtig unter ständigem Rühren weiter,bis etwa die Hälfte der Kerne gebräunt ist. Vom Feuer nehmen, salzen und nach fünf Minuten die Sojasauce unterrühren.In einem dichtverschlossenen Gefäß aufbewahren.

POPCORN MIT KNOBLAUCH & BASILIKUM

Popcorn mit Knoblauch und Basilikum
Ein ganz neues Popkornerlebnis: Puffmais, gewürzt mit Knoblauch, Basilikum und Parmesan. Ob Sie eine Party geben oder einfach vor dem Fernseher sitzen, diese Knabberei ist im Handumdrehen aufgegessen.

3 extragroße Knoblauchzehen, durchgepreßt
2 EL Butter oder Margarine
3–4 Basilikumblätter, feingehackt
1 EL Öl
100 g Popcorn-Mais
Salz
2 EL geriebener Parmesankäse

Butter im Wasserbad oder auf der Herdplatte bei schwächster Hitze schmelzen, mit Knoblauch und Basilikum ziehen lassen. Öl in einem größeren Topf erhitzen; ein Maiskorn hineingeben. Wenn es aufspringt, gibt man den ganzen Mais hinein und deckt zu. Den Topf gelegentlich rütteln, bis alle Maiskörner gepoppt haben. Popcorn mit der Würzbutter übergießen, gründlich vermengen, mit Parmesankäse und evtl. Salz bestreuen und vermischen. Möglichst warm genießen.

VESSEYS FRITTIERTER KNOBLAUCH

Sie werden nicht glauben, wie gut gebackene Knoblauchzehen schmekken können, ehe Sie dieses Rezept probiert haben.

2 ganze Knollen frischer Knoblauch
Bierteig:
125 g Mehl
1/8 l helles Bier
1 Eigelb
Salz, Muskat
1 TL Öl
1 Eiweiß
1 EL gehackte Petersilie
Öl oder Fett zum Ausbacken

Knoblauch in Zehen trennen, die Zehen ca. 1 Minute in kochendem Wasser blanchieren, kalt abschrekken und abtropfen lassen. Knoblauchzehen pellen, die gepellten Zehen nochmals 3–4 Minuten in kochendem Wasser blanchieren. Je länger Sie das Blanchieren ausdehnen, umso milder wird der Knoblauch. Zehen kalt abschrecken und abtropfen lassen.
Mehl, Bier, Eigelb, Salz und Muskat zu einem dickflüssigen Teig verrühren, Öl und Petersilie unterrühren; Eiweiß steifschlagen und unter den Teig heben. Die Knoblauchzehen durch den Backteig ziehen und schwimmend im Öl goldbraun ausbacken. Auf Küchenkrepp abtropfen, warm servieren.

WALNUSSKERNE MIT KNOBLAUCH GERÖSTET

Aus Gilroy kommt nicht nur Knoblauch, hier wachsen auch Walnüsse hoher Qualität, die auch bei uns in den Handel kommen. Eine Knabberei mit dem besonderen Pfiff.

3 Scheiben Ingwerwurzel, feingehackt
1/2 TL Pimentpulver
1 1/4 l Wasser
500 g Walnußkerne
4 EL geschmolzene Butter
3/4 TL Knoblauchsalz

Ingwer und Piment ins Wasser geben, aufkochen und die Walnußkerne 3 Minuten blanchieren. Abgiessen und gut abtropfen lassen. Nußkerne auf einem Backblech ausbreiten und bei 175°C 15 Minuten im Backofen rösten. Butter schmelzen, mit Knoblauchsalz würzen und über die Walnußkerne gießen, durch Schütteln gleichmäßig über die Nüsse verteilen.

Das warme Klima Kaliforniens bietet die Voraussetzung dafür, daß Knoblauch hier so gut gedeiht wie am Mittelmeer. Hier wie dort wachsen auch Ölbäume. Oliven und Knoblauch passen aber nicht nur klimatisch gut zusammen. In den folgenden beiden Rezepten gehen diese mediterranen Früchte eine Geschmacksehe ein, einmal warm und einmal kalt.

REIFE OLIVEN MIT EINEM HAUCH VON KNOBLAUCH

500 g reife (schwarze) Oliven mit ihrer Lake
1/4 TL Knoblauchpulver
Olivenöl

Oliven samt Lake mit dem Knoblauchpulver würzen, mindestens vier Tage ziehen lassen. Oliven abgießen, die Flüssigkeit auffangen, die Hälfte davon abmessen und die gleiche Menge Olivenöl dazufügen. Oliven in dieser Mischung einlegen, erhitzen und heiß servieren. Mit Zahnstochern reichen.

GROSSE KNOBLAUCH-OLIVEN

200 g entsteinte schwarze Oliven, abgetropft
3 EL Olivenöl
2 große frische Knoblauchzehen, feingehackt
1/2 TL getrockneter Oregano

Oliven mit den übrigen Zutaten anmachen, mindestens vier Stunden zugedeckt im Kühlschrank ziehen lassen (je länger, desto besser).

AUBERGINEN-KNOBLAUCH-RELISH

Eine pikante Garnitur zu kaltem Fleisch oder kaltem Fisch, die ganz einfach zu bereiten ist.

1 große oder 2 kleinere Auberginen
2 große Fleischtomaten
4 frische Knoblauchzehen
Salz
1 TL Hefeextrakt (z.B. Cenovis, Marmite) oder Sardellenpaste
1 große Zwiebel in dünnen Scheiben
1 EL Öl
1 TL brauner Rohrzucker
2 TL Chilipulver

Auberginen in 8 mm dicke Scheiben schneiden, beidseitig salzen, beschwert auf einem Durchschlag "weinen" lassen. Knoblauch durch die Presse drücken und mit der Hefe- oder Sardellenpaste vermischen. Zwiebel in einer Pfanne in Öl leicht anbräunen, Knoblauchpaste, Zukker und Chilipulver zugeben. Fleischtomaten kurz in kochendes Wasser tauchen, die Haut abziehen, in Stücke schneiden, Kerne herausdrücken und abtropfen lassen. Auberginen kleinschneiden und in die Pfanne geben, ebenso Tomaten, 5 Minuten leicht kochen lassen, mit Salz abschmecken und weitere zwanzig Minuten sanft kochen lassen.

KNOBLAUCH-DILL-GURKEN

Wenn die kleinen Gurken ihre Erntezeit haben, sollten Sie die Gelegenheit beim Schopfe packen und einige Gläser davon mit Knoblauch einmachen. Sie sind eine Zierde jeder kalten Tafel.

3 kg kleine Einmachgurken
6 dicke Zwiebelscheiben
6 schöne Zweige Dill
6 kleine rote Chilischoten
6 Knoblauchzehen, geschält
1 l Weißweinessig oder Apfelessig
2 Liter Wasser
100 g Salz

Gurken waschen und putzen und auf 6 1-Liter Gurkeneinmachgläser verteilen. In jedes Glas eine Knoblauchzehe, einen Dillzweig und eine Chilischote geben. Wasser mit Salz und Essig aufkochen, die Lösung kochend über die Gurken gießen, Gläser sofort verschließen.

SÜSS-SAUER EINGELEGTE PAPRIKASCHOTEN

1,5 kg grüne, gelbe oder rote Paprikaschoten, auch gemischt
0,6 l Weißweinessig
0,6 l Wasser
200 g Zucker
8 frische Knoblauchzehen, geschält
4 TL Öl
2 TL Salz

Paprika waschen, entkernen und 1,5 cm breite Streifen schneiden. In eine große Schüssel legen und mit kochendem Wasser bedecken. 5 Minuten stehen lassen, dann abgießen. Essig, Wasser und Zucker in einem säurefesten Topf aufkochen, bis der Zucker ganz gelöst ist. Die vorbereiteten Paprikastreifen auf 4 Halbliter-Gurkengläser verteilen, jedem Glas zwei Knoblauchzehen beifügen, 1 TL Ol und 1/2 TL Salz. Gläser bis 5 mm unter dem Rand mit der kochenden Einmachlösung auffüllen und sofort verschließen.

VARIATIONEN IN KNOBLAUCHBUTTER

Knoblauchbutter verleiht so manchem Gericht den gewissen lukullischen Akzent. Sandwiches bekommen mit der würzigen Butter die besondere Note, im Backofen geröstetes Knoblauchbrot läßt einem das Wasser im Mund zusammenlaufen. Knoblauchbutter paßt zu Gemüse, zu gegrilltem Fleisch, zu Fisch und Geflügel.
Halten Sie fertige Knoblauchbutter stets im Kühlschrank bereit. Ein besonderer Partyspaß ist es, wenn Sie Ihre Freunde an der Herstellung von Knoblauchbutter beim Pellen der Knoblauchzehen beteiligen. Jeder nimmt dann ein kleines Töpfchen mit Knoblauchbutter nach Hause.
Bei der Party servieren Sie natürlich eine Auswahl von knofligen Verführungen, bis hin zum Knoblauchpudding als Nachtisch!
Doch zunächst einige Rezepte für Knoblauchbutter.

AIOLI

Diese Spezialität aus der Provence ist die wohl berühmteste Knoblauchsauce überhaupt. Man reicht sie zur Bouillabaisse, zu Gemüse und Rohkost, zu hartgekochten Eiern, zu Pellkartoffeln und, und, und. Manche provencalischen Dörfer halten alljährlich spezielle Aioli-Feste ab.

4 große frische Knoblauchzehen
2 große Eigelbe
1 TL scharfer Senf
1 Prise Salz
Weißer Pfeffer
1/4 l Olivenöl
1 1/2 EL Zitronensaft

Alle Zutaten müssen Zimmertemperatur haben. Die durchgepreßten Knoblauchzehen, Eigelbe, Senf, Salz und Pfeffer in einer großen Schüssel mit dem Schneebesen schaumig rühren. Das Öl zunächst tropfenweise, später in größeren Dosen unter ständigem Rühren zufügen. Die letzte Ölzugabe muß völlig von der Sauce aufgenommen sein, ehe Sie weiteres Öl zugeben. Zum Schluß den Zitronensaft einschlagen.
(Ohne Knoblauch bekommen Sie so eine optimale Mayonnaise. Ersetzen Sie das Olivenöl durch geschmacksneutrales Öl, wenn bei einem Gericht der Olivengeschmack unerwünscht ist. Kaltgepreßtes, gelbgrünliches Olivenöl hat den besten und intensivsten Olivengschmack.)

KNOBLAUCHBUTTER-GRUNDREZEPT

100 g gesalzene Butter
2-3 frische Knoblauchzehen, durch die Presse gedrückt oder fein gehackt

Die weiche Butter schaumig rühren, Knoblauch einarbeiten.

Knoblauch-Kräuter-Butter:
Fügen Sie der Knoblauchbutter gehackten Schnittlauch, Schalotten oder Petersilie bei, oder nehmen Sie ausgewählte Kräuter vom Küchenbord, z.B. italienische Kräutermischung oder Dill.

Knoblauch-Käsebutter:
Fügen Sie der Knoblauchbutter geriebenen Käse bei.

Schnelle Knoblauchbutter:
Verwenden Sie statt des frischen Knoblauchs 3/4 TL Knoblauchpulver, 1 Prise Salz und etwas schwarzen Pfeffer. Der Knoblauchgeschmack braucht eine halbe Stunde zur Entfaltung.

Schnellgeschmolzene Knoblauchbutter:
Sparen Sie sich das Schaumigrühren, schmelzen Sie die Butter mit dem Knoblauch ganz vorsichtig. Nicht bräunen!

Knoblauchbutter extra stark:
Verdoppeln Sie die Knoblauchdosis auf 6 Zehen oder die entsprechende Menge Knoblauchpulver.

Knoblauchbutter dezent:
Blanchieren Sie 4 geschälte Knoblauchzehen. Im Mörser zerreiben und durch ein feines Sieb streichen, mit 100 g Butter vermischen.

Knoblauchbutter in Partymengen:
Befeuchten Sie 1 TL Knoblauchpulver mit der gleichen Menge Wasser, schlagen Sie sie mit dem Elektro-Rührgerät in 500 g gesalzene Butter ein. Das Knoblaucharoma braucht zwanzig Minuten zur Entfaltung.

GRIECHISCHE KNOBLAUCHSAUCE

Deftige Knoblauchsaucen gab es in Griechenland schon zur sagenhaften Zeit der Argonauten. Manche Rezepte schreiben als weitere Zutat gehackte Nüsse vor.

500 g heiße Pellkartoffeln
4 frische, zerdrückte Knoblauchzehen
2 TL Salz
1/4 l Öl
1/8 l Weißweinessig
3 Eigelbe

Kartoffeln pellen und durch die Kartoffelquetsche drücken, Knoblauch und Salz zufügen und zehn Minuten ruhen lassen. Mit dem Elektro-Rührgerät den Knoblauch ins Kartoffelpüree einarbeiten, nach und nach Öl und Essig zufügen. Wenn alles gut vermischt ist, rührt man die Eigelbe ein. Die Sauce schmeckt zu Brot und Rohkost ebenso wie zu Kräkkern und Kartoffelchips.

KNOBLAUCH-BARBECUE-GRILLSAUCE

Sie paßt zu jeder Art von Fleisch.

1/2 dl heißes Wasser
1 dl Weinessig
1 dl Öl
15 schwarze Pfefferkörner
10 frische Knoblauchzehen, geschält und zerdrückt
4 Lorbeerblätter
1 1/2 EL getrockneter Oregano
1 EL gehackte Petersilie
1 EL Salz
1 TL getrocknete Rosmarinblätter

Alle Zutaten in eine 1-l Orangensaftflasche geben, gründlich aufschütteln und mindestens eine Nacht im Kühlschrank ziehen lassen. Vor Gebrauch aufschütteln, Grillgut während des Grillens bepinseln.

LEOS KNOBLAUCH-GRILLSAUCE

2 dl Sonnenblumenöl
2 dl Olivenöl
5 frische Knoblauchzehen, durchgepreßt
4 Zweige frischer Rosmarin
2 EL Rotweinessig
1 TL Oregano (getrocknet)
1 TL Salz
1 TL schwarzer Pfeffer aus der Mühle
5 cl Zitronensaft
1 TL Tabasco-Pfeffersauce
1 TL Worcestershire-Sauce

Alle Zutaten in einer 1-l Orangensaftflasche aufschütteln, vor Gebrauch mindestens eine Stunde ziehen lassen. Bei Verwendung zu Hühnern und Schweinerippchen fügt man noch 4 EL Tomatenketchup hinzu.

TERIYAKI-SAUCE

2 dl Soyasauce
50 g brauner Rohrzucker
2 EL Zitronensaft
1 TL Ingwerpulver
1/2 TL Knoblauchpulver
1/4 TL Zwiebelpulver

Alle Zutaten im Marmeladenglas gut aufschütteln, über Nacht ziehen lassen.

GRILLSAUCE, SCHNELL UND EINFACH

2 dl Tomatenketchup
1 dl Rotweinessig
1 TL Worcestershire-Sauce
1 TL getrocknete Zwiebel
1/2 TL Streuwürze (Fondor)
1/4 TL Grillgewürz
1/8 TL schwarzer Pfeffer

Alle Zutaten gründlich miteinander vermischen. Fleisch vor und während des Grillens bepinseln.

SIZILIANISCHE EDELSTEINE

Knoblauchzehen mit Schokoladenüberzug? Warum nicht! Der Rezepteinsender schwört auf Knoblauch als Mittel gegen hohen Blutdruck. Im Schokoladenmantel gewinnt der Knoblauch auch ihm skeptisch gegenüberstehende Menschen als Freunde.

30 große Knoblauchzehen, geschält
250 g Kouvertüre
1 TL Grand Marnier oder ähnlicher Likör
gehackte Walnüsse (falls gewünscht)

Knoblauchzehen in Wasser mit Eiswürfeln einlegen. So werden die Aromastoffe für die Pralinenherstellung "eingefroren". Schokolade im Wasserbad schmelzen, Likör einrühren. Knoblauchzehen trocknen und durch die Schokolade ziehen. Auf Pergamentpapier oder Alufolie erstarren lassen. Falls gewünscht, wälzt man die Knoblauchpralinen kurz vor dem Erstarren der Schokolade in gehackten Walnüssen.

ROTE PFEFFERSCHOTEN-SAUCE

Eine Grundsauce der mexikanischen Küche, die in mehreren der hier vorgestellten Rezepte verlangt wird.

5 getrocknete Ancho-Pfefferschoten oder Chilischoten
1 getrocknete Pequin-Pfefferschote
400 g reife Fleischtomaten
1 mittelgroße Zwiebel, feingehackt
1 Knoblauchzehe, durchgepreßt
1 EL feingehackte Petersilie
Salz, Zucker, Pfeffer aus der Mühle
1 EL Rotweinessig

Von den Ancho-Schoten unter fliessendem Wasser die Stengel entfernen, Schoten aufbrechen, Kerne und Scheidewandleisten entfernen. Schoten zerbröseln, mit 1/4 l kochendem Wasser aufgießen, eine halbe Stunde stehenlassen. 3 EL von der Flüssigkeit aufheben. Rest abgießen, zusammen mit der Pequin-Pfefferschote, Tomaten, Zwiebel und Knoblauch pürieren. Öl in einer Kasserolle erhitzen, das Püree fünf Minuten lang bei mittlerer Hitze kochen, gelegentlich umrühren, mit Salz, Pfeffer, Zucker, Petersilie und Essig abschmecken.

KNOBLAUCHPUDDING

2 ganze Knollen frischer Knoblauch
3 dl kaltes Wasser
200 g Zucker
1 Päckchen weiße Gelantine (Pulver)
4 EL Zitronensaft
Abgeriebene Schale von 1/2 ungespritzten Zitrone
2 Eiweiß
Prise Muskatnuß
Eiersauce (siehe unten)
Prise Salz
4 EL Zitronensaft

Knoblauchknollen fest in Alufolie wickeln und im Backofen garen, bis sie weich sind. Auswickeln, ins Wasser tun und aufkochen, so daß der Knoblauchgeschmack ins Wasser übergeht. Knoblauch herausnehmen, Zucker, Gelantine und Salz im Knoblauchwasser auflösen. Vom Feuer nehmen, Zitronensaft und Zitronenschale zufügen. Abkühlen, bis die Mischung zu gelieren beginnt. Mit den Eiweiß zusammen in eine große Schlagschüssel tun, mit Schneebesen oder Handrührgerät steifschlagen. In eine Form füllen und im Kühlschrank erstarren lassen. Stürzen, mit der Eiersauce nappieren, mit Muskatnuß bestreuen.

Eiersauce:
4 Eigelbe
50 g Zucker
1/2 l Milch
Prise Salz

Eigelb mit Zucker und Salz schaumig rühren, unter Rühren in die heisse, aber nicht kochende Milch giessen. Weiterrühren, bis eine cremige Bindung entstanden ist. Während des Abkühlens gelegentlich umrühren.

REGISTER DER REZEPTE

H

I

K